James

MW00945459

Introduction

Welcome to the Ultimate Tennis Players Word Search!

All the word searches in this book are about the England football team. Not only does it have lots of searches for all our current players and stars, but also the legends of past teams and generations. This collection has searches for World Cup players, for Euro Championship players, for top-scorers, for players with the most caps and so much more!

Find the heroes of today as well as all the incredible legends of years gone by!

Grab yourself a pencil now and prepare for the greatest football word search collection anywhere! Challenge your friends and family to see who can become the true England football word search champion!

Enjoy this book and I wish you the very best of luck. Let's get started right now!

James

Wimbledon Men's Winners I

```
W V U E B X N E M V A I U G X D D R Y N
R P D K T A N Y F H A F U N A P X S I N
H K U H Q L N G C W C T E Z R K F G B A
P E S A S Y T U V I E W D D R C O H I D
X W J S R K D U R V X M H R E B P R G A
W W C T Z E C O Y R K U U C C R H V O L
S C B I O C A O T S S R H T Z C E G X C
O W E C J I B G Y L R R E B O W U R U A
W C C H U J O F D Y P A W S A M P R A S
E I X C E A X D I C B Y I P W U Q F Y I
V V S G R R W I B E E N T Y J L Q E S O
J O M M N K P Y V W H O T I H Q E N T J
B K J M Q P W A G A S S I F R H G A P H
T O A N E W L U N R N R O A O J H F V Q
J J M U G P M Q W M Z I Z O V Z Z C D A
T D N L Y K F K B O F U S V H T K D U B
O K G G O Y I E I E T O K E J S J I X I
F A X F A D V Q I Z R N B P V C G L S J
A V Z Y M P T Y L Z H L U G K I A S I H
N L J Z I P N P C B D E H N S K C B H P
```

Djokovic	Federer	Murray	Nadal	Hewitt
Ivanisevic	Sampras	Krajicek	Agassi	Stich

Wimbledon Men's Winners II

```
S A Y S A I U A W S K A T U R B S B P P
M P B N D R K M Y O X M S C N E B W D S
Z O W S Z U P V Y D G F G A T C Q P C U
V E D E S D Y H U R R B G F G K U Q A K
I L T D M U P N S R E M S L U E I E P P
D W V O F C Z B E B B E H D Z R H O H E
N A Q K L E Z Z F O D L G V F V N X C O
X D O Y T R C A T R E B N F N F L F A M
C L Q S G D Y Y F G W C C Q D N R B S D
H E Q Z T H E C E M I R O R S E B V H S
K E P F B L X H V M F K N U E I X Q X R
V T L H W A Q F C E M E N M A F H N G E
E W O C E N D P P V T F O U R Y R B X N
M Z V X M Z T W S X E L R V M R V H E N
Q X C G V Q V R I F B A S R C H P I H O
I S G W C Y L J B D V S J K E T C G S C
D R H U J K V H Z O N K N Q N I V X A K
D P R Z D B F L H Y R C M R R M U H N C
K A Z Z P B W B B U W X E K O S S X H M
Y B G H A I T L V R K S K M E E H E Z D
```

Edberg	Becker	Cash	McEnroe	Conners
Borg	Ashe	Connors	Kodes	Smith

Wimbledon Men's Winners III

```
L N H V U S N B H H Q J Z J J R W U W H
N W V A R V Z I U P N Y H S E U Q S B B
P C U N R F P Z K H T L I G M T E P L Y
J W S W G Z N C F H Q P G X E I W O Q D
L J G N W O J E W N Q O W F R K N M R U
F S R T S H F P I I L E C U S M D B O A
S B N F R A S E R B O B Y Z O S X X F H
V F E B H G K K C W K M W F N R X Q G O
M Z R X P F X W Q O Y O I S N V R A Z A
E S V O L M E D O B E C D I M E V P Q D
Z H J H B D G Y C E L W A M F N B V B X
A A Y B V N U R N H N E S L P J Y B Y Z
X P D K B V H Z B O I N J F J E U D T K
S A N T A N A Q P D K A V C N H Z H R C
L V V J T P C L C U C H Q G J K S A E F
R A R K I O U J A D M V B L O Y H E B J
M E O M V P V T D V W Y I E E P N X A C
K I J C O O P E R X E A D H N G K O R J
K Y D H C M Y I Q M F R R E H U Z W T W
W I C Z I V U R Q E X T O V G K I F S F
```

Newcombe   Laver   Santana   Emerson   McKinley
Fraser   Olmedo   Cooper   Hoad   Trabert

Wimbledon Ladies Winners I

```
M D E L A F T F W N D F N J L G O U B S
J Z X B L X F J B A R T O L I U F U P M
F M M Z F N B H O L R D A V E N P O R T
W O Y H A R O T M P V A O H I Y N U E Y
L L O B O M E E S I R S K I I P K G I E
L L H G A Z E W E G A M R E U Z S T S A
F P T D A I G Y R B K A C H R C G D R Z
W S P D D B I Z U E F I K Z Y B J M E U
S X B O U Y E W A R J L H F D C E K S R
P O F N U D F K M J R L W Y V P A R H U
V Q P Q C O P V N F F I S O X K N O A G
P M A V E M D I V U R W N M Z L T G R U
F E W G J I R T H W G K K Z Z A O A A M
H J J P H H T O W I F T V D X I V Q P A
F G V X B U X V E Q N X G Q C D O A O X
A Z G X K N M A X H Z G L I B S N P V D
U T H N R T W G L F B W I S Y B S V A G
F W H Y W Y A C C G D B I S S C X C D E
O T U X L W F L J H D P K K I W C H F X
S Z F H L F D H F T U S F J R O M F H Y
```

Kerber	Muguruza	Williams	Kvitova	Bartoli
Mauresmo	Sharapova	Davenport	Novotna	Hingis

Wimbledon Ladies Winners II

```
F W C M R H G X X U H Y R D O X D H M W
R F I U G F Q P F H D I H S J B D J X F
S R S P Z R Z B C H O N P C P M V O I Q
K W J D U H E B C J T T F N M A U N E S
N E Z S B U C J D P G P J A Y W V E G H
Q T V S T B T M W I X I V J P N S S H Y
S Q H E G S D R F E C A E B Z Q V U A G
T Q K M R M E L P Q A R C G N O C I S U
Q R H F V T N T Q U T Q A N I B A R U C
U Q N V J C L L S U B Y W K H M V E H H
Q C S O N C T L R T B A L Z Y J O N C R
A C D E S X O T O U K A E M T T L S D E
E W E I Y Z P U I Y U G Y A F Q I M J H
C K R N S G L Y R G D W A D E A T A L X
D D Q O C R N K A T W S X V C Z A R P N
T N Q W N A C S N I Z G G Y I S R T S Q
Z O Y L Y F W Q X V Z V G W M V V I P Z
G H T F B S M I T H Y M T H A K A N U U
G G U A E A W M T Y K D T W H G N E X Y
S V C Z W N E B Y M D X H K I N G Z N J
```

Graf	Martinez	Navratilova	EvertLloyd	Cawley
Wade	King	Court	Jones	Smith

7

Wimbledon Ladies Winners III

```
S R L R V G N E Z S H D Y T Q Q E Q C X
P E Y B A O S P G Q W O B E Q Z R A O L
C P B Y X S H D J G Y K C P F W Q F N N
H E M B J B J U U H K C M V G I M B N H
F P M J V O K U C O M M I C Z X I R O L
G H T I D R Y Q N N V M E C Y T X R L B
H Z Z B Z N L Z C E I Q W O L D B E L L
I W T Z E E H P T U H X R J S L G M Y A
H Q T T G V B F Z B Q W K J W D C I F B
A Q G S C C L Q B H Q V V E H N G T J C
T H U J F K D Q L Y M G S F R C V R W L
X I D A R B T L M W A E G K H Z P O Q U
F J H Y Y I K G Z X K B H K I P V M W F
F Q D X M I Z I K I L R N V O R J G X Y
C K S K M H J S N D O O C Z X E U Q Z E
T X K Q G A N L O K Q U H L D D K X G Z
V U Y I Y R Y A S X T G G S U S M A N T
U V J Y X T A S B L Q H J X I X X V U E
W J Z S S Z L F I O Y M Q F Z Y F C C B
H W C L X V A B G L Y R K Q T N C O N Z
```

Bueno	Susman	Mortimer	Gibson	Fry
Brough	Connolly	Hart	Osborne	Betz

Australian Open Men's Winners I

```
E G Y O G Q T D D D P M D L K N D H S R
Z Y F P O C M E P E J M M K R L G K A S
T B P L S G E Z F P H V I K G B X J F A
B U K M D D L D T A H C I Y E U P O I R
M C Y A P G W Z G T K J N O O Z C H N P
U T L M U R F K O U G R Q S U Q L A Y M
N V B T S U M A J C F D U U K H W N L A
T R K J P D P F N K N E J Y U B X S R S
F C U Z D K P E V Q U W D O T M T S S Q
E P K H S Z I L T S L I C E K C S O B V
W M E L C D X N A S Z X U R R O R N B Y
K O G I H C T I S Z B Q W R Q E V J V K
H A S T P G L K E E B A W S T J R I F W
B H D M J Z V O Q H G N G K A B J M C A
V H P E T G W V U R O G G O L V U D I W
B L Y J F Z Q G V Q Z Q P R A H A O S R
K B Z P U P B C C B X N B D D I J A S I
F E E V I W C X L H B A L A A G N C A N
A N R N G I F D F U O M A B N K P P G K
J L M H U W J O D P T Q S M I X C C A A
```

Federer	Djokovic	Wawrinka	Nadal	Safin
Agassi	Johansson	Kafelnikov	Korda	Sampras

Australian Open Men's Winners II

```
H F L M A B R F T I A A O H U G L Y J Y
L R G G A P H Z X J U U E B L H L B S B
H X L C K I E Y A Y H I O N C W T R Z W
G M H F R E G N D N O S Q G C C K S E I
I E Y Q O J B T U T H Y P K B S Y C I L
A J R V G E W P O M N K A R X A Q A X A
V X T U P Z H Q W W O T Y T P K K V P N
I H K Y L O H W O D S X F E N W R M Q D
R J E H Q A P F E T D X R O O A A I B E
V T G V O X I R G L N Q W G G T S N E R
T I G W B M A T F Z O C X Y R M M W C K
N D Z Z K B T O I J M L R D E X N B K X
C V C O A F W C D S D S D R B R S K E D
F X W E W Y I Z H W E C E W D E A N R P
M C O U R I E R W Z D G Z P E H L Q S Z
L E N D L H Y K Y D U W V I T C I P R P
U X E N P M L A E W P K P M N A V U I R
W R Y C W A E F I Q U H M N E E C Q G Y
P K B W B W G S N A H T M O B T T I Q P
Q U B B M Y I J Y X Z K Z P Y B U I H Y
```

Becker	Courier	Lendl	Wilander	Edberg
Kriek	Teacher	Vilas	Gerulaitis	Edmondson

Australian Open Men's Winners III

```
Y O U G F K I W G N M V F A S C F E Y R
L L X G K G C H O I W L Q R O E H B F X
M W V C L Y Y P L I F N L Y U N G T D V
Z R Z C M A P V M K Z R J G O Q A E L Y
B P H K Q G P T E G H Q C N E A K B K L
R I T K W T K A D F S H J O B L L T W J
Z Z A H R L X L O P J E E S M D M D K S
D L Y J I I C D R P U R B R O S A S R I
R L Q K X E G Y O G A T Z E C W W W O Y
C O O P E R L G S I P E E M W S R B S L
U P Q D G W N A E F X K Q E E O C R E O
Z E K J N V X E W Q F C K O N H Z U A G
B E E P W G I I A G H J W H Y U Z P Z Y
L Z F Y I E N V L E I C I P K T C W Y E
A Q X X L C G J L C H B L V Z V H H W R
S T R B M T F D A H X T A N N E R D A W
H H G Q T P G O V K D S X B H C T B E O
E D K Z C W Z K E E X X Y V Z V I R X B
J I T X E K E G R C E U E L Q Y B Q L Z
V C B O S F Z T T J O P H Q F Q B D P L
```

Tanner	Newcombe	Rosewall	Ashe	Laver
Bowrey	Emerson	Olmedo	Cooper	Rose

Australian Open Women's Winners I

```
V C X L Q N P E B T V S O X B E M D T I
B G N U E V G A D Y T K G O Y B O X O S
G C Y Q S A V Y D J M K P M U W K K A O
K E R B E R F B I W Q P S R W T Q K H O
T S X U N N G S Z G W A Y I B N U H X B
R A E Q O M Y D V K X E T B G N Y P E T
F O Z O M N A F Z G F K Y T Y T E O P F
B V Z E K I C A P R I A T I Y V W K O L
H C A A Z A R E N K A N I U I P R T J X
I C L I J S T E R S W I L L I A M S D Z
K P K S R L R M R T A M A U L G A S Y J
C Q Z H U F L B N I B S U X I B F P R X
A I M A Q P P K L B O K G W Z R B J I P
I P W R O T Y L X D C F E B T L O V D O
N G A A H Z U M A U R E S M O C P N H L
Z X U P B G S V L Z S P Y B K E Y J K U
O V R O L I J Z M R C N L A I D H N A T
W R P V C A G P W G I A Y C L X P W C T
C H U A V M W Z Y U M T X U N P P A D D
M E O O V D I F Q F H H E N I N L U G H
```

Wozniacki	**Williams**	**Kerber**	**Na**	**Azarenka**
Clijsters	**Sharapova**	**Mauresmo**	**Henin**	**Capriati**

Australian Open Women's Winners II

```
B G G I H S M R P M W K Z X I O L T L Z
D O R D L F S J O R D A N Z X A N V V C
A E E B L E E M A N D L I K O V A D Q N
V I I M H M V Q V Z U E K L N E T K P Z
E E D G C L V O T B U O N E I L Y Z O D
N M H H O W W P C P I E R C E Z C G L T
P K Z B E V T I G M L O L N M O Q Y G L
O M H N G F U S V T D M X Y W S K A O I
R X B K P B F X M L O G B H P H H E O B
T S A J Q M O K Y J F C Q H Q C X A L Y
C S Y F L D L P J T O V U N V V C B A T
T I M I I F Q Q K Y C B I I M B J R G S
V G H K M I R X L C Y Y C U V K I Q O A
Z N V P E W R P A B W F H X C R H Z N X
H I S G O H M F R T C L S M B B Z W G I
U H C R K L S H G U B Z E Y W T B N M Z
B M Q A F Q I B E K N W L C Z V E T Q B
P W Y F W P H L U C I B E V O C Q S Z H
C R A M R L E D D W K R S F K L R F P J
V S R L R U H K V J X I B Y Q G R N K L
```

Davenport	Hingis	Seles	Pierce	Graf
Mandlikova	Jordan	ONeil	Goolagong	Reid

Australian Open Women's Winners III

```
K S N B H D L R T R H K W N V U E F Q S
D U O Q F L N O K I W V U N R T I K C L
R A N R M Y L B V C B E K E O V T Q P P
O H A P O Y R V X H L S C A T S L U B V
Y X T Q R C C U T E N H M F D T Y F R Z
T J I H T V B G R Y Y S Q I X V N O I Q
B J E I I B T B U A Z R U C T X E F E T
J I R F M N B C O P Y O F X L H W D R C
K I N G E R B J C B B E W W T A U C J T
P I C S R M U M R M K B H C O R T J I C
J J O N B Y A K N Y E G H M E A J I P Q
X S W S A V X O Z I Y F A H I E H W V D
F N U A X S R G W F U L W O F H B A L U
B P F K Z V E N I C Q S Y Q R Y T D C B
G X E J S B Q O R P I E M P M X K E M N
H Z E N H R X L V J C N K N F W X J I Z
V E Y Y R Q R Z I L I G M L E G Q X U Z
N T U X P O R Y N O S J I S B S M U O T
A Y X W T C S R J C K X Q T X H T R L M
H V H L D C K E S J A G W N C A E F Z G
```

Court	Wade	King	Richey	Smith
Reitano	Mortimer	Irvin	Penrose	Long

French Open Men's Winners I

```
M E K W Z V U N V H O A J P B D V C O B
K Q R W K L D B H F G B N K P F V O H O
L E M K R K G Y N Z T L A Y N F E S T R
M O Y A J R H V W E T F W T K V H T Z E
K F W U R W Q M X W Z W K I D S W A H R
Q T D B C X R B F G B W S P C K Z W S R
I N J U T X V P Q B M Q Z I N H O X S E
S K H R K P N N C C T D K V Y O V Q P F
Z H Q I I M G J A X P Y P S Z T N F B U
M R L G S X R O L D U G N M O M O E F A
N V V U S U W L P I A L L S L Y O D M K
E A V J A J C C J U K L B H I P Y E J N
T H Z S G G W O A M X T C R G Z H R W I
R X J F A M M J H W T R C E K Z W E G R
E X S E T I L P Z S J F L O Z U P R L W
U P O V E N Z K R W O X V M J E V I A A
K G A U D I O K H J A D J O K O V I C W
Z Q C I Z O M N J T I N V S C J V O W A
M J V Q I R Y T F K R H F Z Q C C Y D U
V H G X J T X P D H E Z E L Q M P P T Z
```

Nadal	Djokovic	Wawrinka	Federer	Gaudio
Ferrero	Costa	Kuerten	Agassi	Moya

French Open Men's Winners II

```
O T D G H Q B Q Q K C R K W E O K W J R
H S A C Y Z P G Q X V Y D K R W X N G T
C W W F M B H L N T H V W T D L H J H A
O F G A X E E R W C O T H G X X R C W Z
E I R T N M I E S I K O O L Z T W Y A X
Q C R J R Y H T V X R X X F C P Z A J C
E S G N D O W S C S D K N G N I U L G F
R V P J B F L U M T I G E T G Z C B U K
N N A N G X D M N G B N A S T A S E I I
H S P P U R K A F U Y A R C H E E D U F
J A O G O B B B Q M S H B L Q E T G P T
M S Z W T D U P V A G C C D H R K N M C
Y Q W J S L B O W Y C N O A H E O Q F Q
G I G V Z D W B R U G U E R A D D P W H
T P Q A H N G C W U S J V S U N E A X Q
D G G G I E J R R D X Q E R Q A S N W K
G O G I N L Z T W S E N N T A L U A G E
W G Q V Z V A U D V F S Q S H I L T K G
P B R P G M W B G O S B O R G W M T H N
G I K G H G Y J K I D F P T R T G A V S
```

Muster	Bruguera	Chang	Lendl	Wilander
Noah	Borg	Panatta	Nastase	Kodes

French Open Men's Winners III

```
K M S H X H T J G H H R K G E J L I I Y
D G S I E Y Q A I A I E U H M B F K S M
J F T L V L O F W E G H T E E M P C M Z
E H O B S Q M K Q O W G A H R T J I U N
O X L O Z F T Z X P Z Q Z C S A R E R B
Q J L D T N B G P V A R R O O I L C U F
A A E P D D Y Y C P R R U R N B L W R Q
H Q E I P D G Q A S D S K G D M T O A X
M B D L Z F C A W R Y E A E E T J G A C
T O R E H R T K T N R Z L U R X P A R G
R C O G T N Q C A E N B J C C E T P U U
A H B N O Y R B W I U S G S X I U X Q F
B U N A B L Z Q N N J U J B G W E H V W
E X Y R S X F D G T L J J W I E N V D S
R K C T A I Q L H K B O W P H J W D C W
T B M E S E A G E U X H S U I P D G U X
Y E L I Q S X S W H S K O G Y I L R E X
C Y N P D H P A T T Y X Q I R Q W P G U
F Z G P M K C F X D L S T N E R A W A J
S A N T A N A X Q O B B J A J K R J U P
```

Emerson	Roche	Stolle	Santana	Pietrangeli
Trabert	Drobny	Patty	Parker	Asboth

17

French Open Women's Winners I

```
H X M X Z Y N D T J O E P K K C L U Y Z
N L K Q Z A M S E V A M J M S F B D B N
U R B W T I N I C V M H M T V J V W W S
X W H G K I T T R R O P Y H M B K O Q M
M U W R W Y W A E F C K H M D S A O N P
R I V H V V C I I E W A Y H J C E D Q M
R U K G U C E R P N P I Y R A K G S B A
O S T M W I U P T O K S L O B I K N U T
V X Q P S V O A M V G S A L E A V V O M
U A L F J O Y C G A A X P C I D P J M Y
C B S I S N O L T I V C X E C A X T K S
W B V B K A K D T H O P C H E T M X B K
D C U G Q V N O I C S Q E L J G X S K I
Q Y Z D C I E O G S T H Z S F Y X J I N
J P G Y V E P O C S E L G Q X Y A F C A
F Z L L G X A W S D N C P T B Q K Y D Z
H I L X C F T Q J N Z E E B A X Q N T C
P S L B P T S V D M U O L Y I G C A T K
R S I P W K O T I N K T A B U H E N I N
E D Q E D A U P H P N X H F K O K V S N
```

Halep	Ostapenko	Williams	Schiavone	Kuznetsova
Ivanovic	Henin	Myskina	Capriati	Pierce

French Open Women's Winners II

```
T O C F Y P Q L R V D N H C O S L L R V
T T F X N P G Q X M N B O C A Z A W Q K
A K R T S O X K F E R W C D W W Y V H X
R V B T C V H I W G Y B T M P Z X D B Q
F G D Z R G L Q D D N S P U L D W A A K
N B J P H O P Y W S X R K V C N Y V R Q
O V O G C B H M Q N A Q M R Q V K M K H
U V R E V K K S O J P W M P J U G X E C
R R G K K Z G M T A F T Y I I N D C R Q
R O Z P T T K V D U I Y T D R N Q J R C
G V D Q R Q O W N S C O F U I A C O I V
C V E V U M T J B A G M I G Y V Y N C C
P W R N O Z X S E L E S E D N R V E H C
I Z D P C V K P L G D T H G G A C S E O
A D I N J X B D Y G W M H B R T C X Y V
B V R N L D G O X Z Z H U H S I W K U S
W L L L R U Z I C I U O V W K L L I U A
D K Q P Q C C M V N R H D N M O A N B O
R D U R R M B V I C A R I O T V E G W A
M L Y Q S G B C V P R O P Y L A C T W U
```

Vicario	Seles	Navratilova	Ruzici	Barker
Court	King	Richey	Durr	Jones

French Open Women's Winners III

```
Q P O C O H K V V H C R C T B M Y A H J
J R N I Q J Q P G I B S O N M D Q W S X
C R A Z O V M N Z S U I F G O K B Z T T
B Y S P S H F S X O Z V K M R X C B X R
Q N N V F A V E V J Y O V Q T I E G T N
Q Z B V V R T P K N A P R O I E Y F O T
D S K Y X T L V K Q W M E M M O Z S H F
L C S K Q I O E I L P T W G E S E Z M V
F E G F Q V S Q A H X R G A R W O P F G
J P N B G N S S K X K U D C D N E S I E
K Z H Q S O W N N H D M L L Q G R T T U
H L Y T M G L K H G B A K Q P C M G U L
Z H F T S V K I X W L N C D Q S K E P R
N N A B U D R R S Z D A V M M V O S H E
T L X Y S R F F Z A I A U P W A M I H M
T Y Y E D I N J J R Y P M Z Q R O F X O
G O H I A O S E Y D P Q F J K Q C Q E O
J C N A A U N L R F D Q A J M P Z E D L
O Y D H R W G R F N S H S L T E Y C Y B
D K X K L D U A U P G X D X N D X T A J
```

Turner	Haydon	Hard	Truman	Komoczy
Bloomer	Gibson	Mortimer	Fry	Hart

The following players have won the most titles and been in the most finals. Can you find them all?

Titles and Finals I

```
E D Z Q X Q X N Q U L F U C B Y G U C V
Y C L N Y H M E S G P Q R P W G W U D S
M H F H J Q L X O Z Q M L A U C Z F R P
O V H J U T Q C J S I C J T V N D N E N
L Z H C M O P J V O K I G Y U W G A V D
Z A S R J N O O R N B V F E O O M D A T
Y M B H J U L U R L S O L C K D Y A L R
D T O W R M E W L X C K V Y B B A L N L
M Q R G P D N S L Y Q O J X Z E N P E X
Z E G K K X D L A T K J F X B V O B D R
C L O M J U L M W X V D E I L T S W L Q
Z H A B O A A D E Q K O D M U Y R C I T
B V T X J Z J Q S J Z I E I H H E T T I
S T D N X P O T O F O X R K B Q M V C Z
H Z U F H A U Q R Z R Z E Q D S E I I A
J D J A X R E C Z T E B R G Z H S F X S
C V W E Y V X B X F T S A M P R A S Q H
F J P M P W B B B N Z N Y T K Q O M I H
N J I B E R U G U S B U Q Y A Z G K S L
L B W T N B H E S P T O H K I Z Z E W H
```

Federer	Nadal	Djokovic	Sampras	Emerson
Laver	Borg	Tilden	Lendl	Rosewall

Titles and Finals II

```
H B D I G M L M V R Z A B B T Y G F P H
C L Q F S E C D I G E P C I I L Q R Q X
U S D R M J Y E X O S K J F P E C A M E
O M E K G R E L N A L V I K C D S Q P I
B Z B J P G T L T R E E D Y Q B H W Z D
V G M X F B S J F X O S V O Q V L O Q T
V Y O K G P O Y E Z J E B C R W Q F F W
I O C H Q S C R Y E E D J O M I J R N A
P O W A C A A R Q L J L I C P L J W G Z
G J E C X O L E Z B A I P H V A O A X V
Z B N O T T N P P V B D K E N N K H D A
B A E S A P O N J Q N W Q T V D X S G N
D F O I K R S B O E N C S E I E L N Y J
R B M S U P P W B R H O U U U R F E K K
S P T S Z S I S Z H S L A R N E D R P O
Q N H A E K E P O X R A A E W L E F R F
E X W G M U Z J K M Y R X E G B V D E B
I V G A S O A X D S H H F V B U Y G U X
B M Y Y G H S U I I C Z J X C Z D W D Q
O K A S Q T G A X D M V C A T Z T D F G
```

Connors	Agassi	Perry	McEnroe	Wilander
Lacoste	Cochet	Newcombe	Larned	Renshaw

Titles and Finals III

```
N H F B D W Y P P E X T S Q C W B M G W
R H L W E K C J D P Q R I Q M T C E K I
P Y W A C J X J H B K L J F M Y Y D O L
O D R X T E F O K S K N S G X H U B M D
D D U C J G R P J O F Q Z G D E H E V I
R R P R B F B B X S Q C R A W F O R D N
U D K Q R P V X Q Q G P O C Q S S G D G
F M F B Z T H D G N J P J S X G M Z P S
D L H M M I T T Q Y F V J Z J D N B S P
X S Z P S Y R D O D J Y Z X F N S I E R
R F U D E R E Z M U Q W M S T E J O G N
Z Y Z C Z Y B L O H B D H I E S D O D O
T S Z B A Y A Z C U T O H F S A E K U S
T Y N K R X R K Y Q W H Q O E M R N B V
I P I D A Y T B K Q V E R P D K W S I Q
L W D P N N M Q C O I R E D G C U E N P
S R U Z H Y I T S S L T K A M P F I I X
X M M H L O U Z M K A Y C J A E Z E Y O
K X F R I I U D D I S O E N N B Q P C F
U C Q Q X S M G E Z O P B L W X F P O I
```

Sears	Crawford	Edberg	Becker	Doherty
Wilding	Budge	Sedgman	Trabert	Vilas

Titles and Finals IV

```
Z F C P N S K I R Y N J V M F M B K D A
T D G B V R C A Z O G Y S Y X E N Z T R
P P W H W S P M A Y T Y M S K Q T Z D Z
B M Z J D U D Y K R S E A N M J E M P S
X K A Q O W I W M Q E O I Z T T U R Z W
B B M L Z O O R A H L A L I C O U R T I
K F O V L B Y R A P E B L S Z B T K U L
Q U X P W O T V V P S K I O V C P C V L
O T Q D E R R D N Q D E W K A K M U V S
Z R I A Y U Y Y A Z U R S M W Y N V I N
W E Z U A A O O V C S N T G W L R K K O
G V N C V V O B R D H D P L C L L L N T
L E Q J P C M A A I Z A D Y U O W Y W D
E B E C N P A P T A Z R R U F N A G B V
S K P L Y Q Z S I K J L R P W N E N B H
B S X C I N S E L T F P T A K O F I R V
X R W F B K G Z O I H G S R H C N K H U
M W U J X S R W V B H J P S S I I S H K
X P O I Z I A K A M O E K C U Z L O E B
H J K F W C F W T Z Z O H L Y E R X X D
```

Court	Williams	Graf	Wills	Evert
Navratilova	King	Seles	Connolly	Mallory

Titles and Finals V

```
B A Z F S C Y K S U L R O A E E Y L T P
F B X I B D K G E G X C R H P O A L B B
O T V C X D V U V M C Z J A O N Y Z A N
N I S H K D C N V P O Q F G C I Z I O A
E H D H H K M G Q J Z P Y V C C Q N D O
U Y B S Z R Z H C L A Z G Z L P H L U K
B J P Q O X M X U A K C J U N E T U P Z
V M D X J E L C Q I K V O P Q C Z T C T
Y T C O I P L F Q O A W T B B U Y N O Y
L B A B U J N W Z O A U E K S O G E C E
B W W R H G X P P P H H E B K N A B M X
X B L O G V L T M T Y A A E I H Y H N L
A L E U K Y C A W Z J H A R W E G S H P
H Q Y G T Z O M S E F S X I Q N H N E G
A F E H N R L B D S F A M Q B B A E N U
V D K J U X D X V A F G F F O Z H L I T
H T B I N G L E Y H I F T F L X K G N R
K P O N G W Y G P V I G M B T J D N V A
A Y R P J M G D A K K E A S O V Q E Q H
Q A T G D X B R F Y G Z K Z N P B L T W
```

Lenglen	Cawley	Bueno	Henin	Douglass
Hart	Brough	Bingley	Bolton	Jacobs

Titles and Finals VI

```
W M I Z H Y A D W V C Q A G I O V C E F
K I A J R X W A C L G L W F U S B F N O
K K B T B T G L C I X R K R L T W D P V
V S G E Z C K K L R W C F W Q M R U M K
O K G G E E S M C R B Q G P C V N W R J
J Y L U W R H A R Z U D N Z J P X C L N
P G Y R D Q A R C Z K F C D J T I S J Z
D Z J C E R R B D N P L O N F J T V A Z
E W J I Z T A L S K X J O Z Q I U D J H
M I P H Z E P E I T V Y P M O D Q S W U
G Z K L W B O Y G N E Y E P O I T N E C
E T Y F E F V F N A A Q R Z J W Z A I S
W E O P O R A I I Y Z U Z V H L E W N D
Z B O L A R I W H C W A P R D B S G I X
Q M Q V U M S E L S A A K H U R S T V I
R M T T Y K N N F W Y L R C Z T V X R G
P G K D T X K R J W O Z L M O O R E I L
G H I K O X G I B S O N D V K D T D T P
E E T M P D B I N P F P M C A I H L A M
Q F B R F C W F N N K O J H E W Z Y C Y
```

Hingis	Cooper	Sharapova	Betz	Gibson
Dod	Akhurst	Marble	Moore	Irvin

Top 50 Men I

```
K Q S S S N W N A D A L P N U I I O N E
U Z F X E G R W X J L H F D Q G G O F Y
O Q Q E D C T Q I X R V R W T U D S Y I
U W C D O U W A L Y K B H R B N N B J R
E Q H T V O X K F C C M N N L O E R E O
H X Q T H Q F C L V S T U P A S A M L K
B Y V W Y Q R T H U L H Z F Y R F C P I
L Z G T C N B B H I S N E R D E W D S H
L T O I F C Q Y O I I V W U O D L J X S
X W Q K N D H J C Q E W Q D D N I S Z I
L L X P C J X J A O M M R O M A P S E N
G Y W G I O G R Y E Y H Q A B K K B F O
V I D H L K P C E L T Q F K Z Z T N V Y
I E I U I O V L O O W A M K R D Q O E W
I J I P C V O E E Y Q W P O T R O C R R
R T G E A I B U Z M B F W L O X T H E A
C M Y G U C Z G U Z T H E C M K U S V W
T O J K I Z K F E D E R E R N H Z Q Z G
X W R B E N J F B D W P O Z A R D Z Q B
I M F R Z V S C U P M M E T K I M V P V
```

| Djokovic | Nadal | Federer | Zverev | Potro |
| Anderson | Cilic | Thiem | Nishikori | Isner |

27

Top 50 Men II

```
B O U N E C E D M U N D F I K K U L A J
N I S Y C O R I C X O O A Y K L F H A Z
U E B W J Z S N G D W T U K H T O B D P
H N C D T T Z Z V O Y A E A N K K C L O
V U U T J K F J A E R N C Y N D V D X X
V F R G P Z V W Z G C I K C L E M K H B
H L L N M P C H H I K H Y I S B U E P R
D Y Z H T D M D M Y E C B N A G X K T C
V F Z N C F I J J O K C D O P P W H C Z
L V T O O J U I J V Z E Z A I N X A D S
D T G R R X Y O G Q F C K R S A N C F E
B A S I L A S H V I L I Z K T M Q H V B
D F R V S A J X Z G T C H V I Z G A Y O
N F B M S Z O R L T W I E E S T D N P G
N Z D X K T Z Y N A H P P D T R D O A S
E I J C X H Z O U C G S R E V A N V W O
T E F U G F O G N I N I E V K W V K Y Q
V X P V F N F E G X N W Q D X H J V G U
D H O E I R N A K H C J Q E I C D C G N
R F P I V S X K Y N B R X M S S H F C E
```

Khachanov   **Coric**   **Fognini**   **Edmund**   **Tsitsipas**
Medvedev   **Raonic**   **Cecchinato**   **Schwartzman**   **Basilashvili**

Top 50 Men III

```
Q C D Z V B B F A J F Y N Q G A D N D H
I Y X H A D E D D C Z H F P X A T A L Z
P K U G Y M G O F F I N J C Q V R L Y V
M X A O U L B M I O G U I X F G J O U O
E S O Z A B R T C G Z N R F G J P M G L
W R F L O R B D A K P M Q R P T I B A A
O V R D N S H J F Q D O T D T C S D S V
X V V P V J L U I B Y F U J R O J L Q O
U Y K X O I Z V Q X Q S X I M G T Q U P
T Y P Y R W H F I M V W G Z L W I H E A
A S G M T C P H B R E X X C Z L V Y T H
A X S H I O V Q B U R K C I E G E Z G S
F L W B M J N S U A D N D R W O S E V O
S W K H I L P K S N A T U L Y I T K E Q
U W A I D I M Z T I S B Z Q K T F D H C
C Q Z I R K R L A M C O Y G Y A H T V K
D W D T U C K M S C O G G O N N Y M E I
T I J D C H U N G R E L C H C R D L B J
W U E Y X S E C Q L I X S G I M S E J D
X N A K L A B U K Q Y A A G U T E K I W
```

Dimitrov	Goffin	Agut	Busta	Chung
Gasquet	Shapovalov	Verdasco	Minaur	Pouille

Top 50 Men IV

```
G R D E H A D A I D Z J H Y L N T Z E Q
Y E C J A Z B Z C M O N F I L S F H U T
M X C S M G G G M J Z L F J B Z Z J K Y
Q D C F C A X H Q Y Z X A M C H U O B W
B Q P T X M B K Q D F K O K M C K Y Y V
A F F W J N J L X E L I O L B I K W I P
A F R I P U H B Y C L Z I I K V O U N W
J P P Y G M H B R S H F R Z T U A V A G
M L H D I V Q C R X V L E A O Q P S Q O
S O B Q N C B P G O X P B N I E L C F R
Q C W Y T H H S I M O N I C D C X Y I Q
E N B X P A C M Z H V N E Y T R Y T L A
G A R K V Z N W A M W A R F I E D D N F
V F B J O F N Q Z S U M H E A G R B M L
F I J O H N S O N E D L C C F E A B W G
T X B J K P A D X P W L S L O T H Y V F
M L J H P I N F Y P G I L Q E Z C W O S
S Y T R E Q P F D I P M H N Z K O Q J T
U N N A R T I F H Z A J O T Z N A R E A
R D F U S C O V I C S P K E J D F J R D
```

| Simon | Monfils | Johnson | Kohlschreiber | Fuscovics |
| Chardy | Seppi | Millman | Tiafoe | Klizan |

Top 50 Men V

```
T R P J D Z Q I W X O V F H Y F Q K P M
L A K K E Z Q O L K U E C M O C H F E L
K K C M Z V U W H G U H T P K B Z Q S S
T Y Q E N F A M W I C N D B I L F Z A T
S N N A V K J F H R K X N V C J D Y A B
J A Z I R I G A P U K S X S D M R Y H Y
E F E Y X S V U R T R K M U Z M W L O E
I O N H B N N U Z R V E E E M I G Z R L
Y N Y M F N B R S E Y T D K R L S Y Z E
K Q X N J U K Y X A S L M F U Y U D P K
F O C I H X U B G M Z I H O L Z T L O W
M E F K Q Q O Q I X H O H Y V B J V O Z
Q B J K F A O H H K B N D R N C F C S M
A D Z Z F L M S Q J E I M R T I M S W M
H E H O V Y Z T S O B R S E B V U O U Y
P N W D B Q X R R W X A R U T O V U X H
L X F F R I T Z G P B N U Q V J J S Y Q
A W V G Z S U Z D G S N Q C E A L A T O
G L P Z C S A N N U K A J V D L E K J L
W I W D E R H R Q B Y M Q W T P N W E S
```

Mannarino	Jaziri	Jarry	Sousa	Lajovic
Dzumhur	Ebden	Querry	Haase	Fritz

Top 50 Women I

```
L Q U Z C P G U T I R G F O C V B R Y K
E H Q U S K A S B S F O Y S A O S A K A
E I B S P L I S K O V A P P F F Z M M R
X S N N L V O V Z A R L M E L D J I J Q
W D M M K G S T O N P Q G L F P U K B B
L P R W P D K D Q I A L Z A F J Q C E W
S O R R T O A U C K L A K H T F R A R U
V L E F P A V D W T Y N K W F W B I T J
G J B L J K W Y U A M I X T Y X C N E Q
S R R Y U E O S B S D L H N L K C Z N Z
E R E X V D I N X A B O W A P T H O S B
U A K K I U Y E K K B T P W Y E M W G F
M T T A C O Z H G W J I B J S W X E T W
F T D V R P B P O F P V Y U K E Q N G N
H Z D P D N S E E A V S R Q K I O E O F
M N J K T Y S T Z P S P V O U O P Y K F
V P U I N N D S R T Q H G X J F S C I G
G Q U P T T L D J K V I T O V A Y S Y X
G G A N K A V N N W N G N T Q R M J U X
E O B M M O V W Z G A L A X B Z K M H Y
```

Halep	**Kerber**	**Wozniacki**	**Osaka**	**Stephens**
Svitolina	**Pliskova**	**Kvitova**	**Bertens**	**Kasatkina**

Top 50 Women II

```
T C S V A R G P U T R K N C Q K O W H D
J A X Z V U O G E A P Q Y Q C E A P G J
E P K U O G E U M H X S B P B G I M G W
C K Q R W C R Y T V I Y U S L I Q U D H
T O F M V E G K R K F A Q M I B D G U O
U N V F I D E J N U G V H A U J O U X Z
T T Y U N F S W H C O O Q I H A C R Y D
C A F H P V M T B S E T V L Y K N Z E Y
J V U L J X W Z Q V C S O L C N I A I F
J E T Y M E R T E N S A U I R E O W W M
J I P W Y Q W W S H Q V I W B L K E Y S
Z T P N Z N A X L X O E E G E A Q X V F
V N O A R M G H D Q L S M B T B C R X U
O X B A A S P H S E O Y J F D A W R R I
X J N Q I H X V U G N O K C U S S B P T
Y R U B C W G F U J Y D T V L B B Q D A
L N J B R V F V Z L S Y B S U P M U E L
V E G O A H X Z B R Q P U L D H P F J T
V G Q O G M B A R T Y X E X W D D F E Z
L S X Q L X P E G B O B Y E P M Z Y A D
```

Sabalenka	Mertens	Sevastova	Goerges	Barty
Williams	Keys	Mugurza	Garcia	Kontaveit

Top 50 Women III

```
F I L E V M G H G F S E D N D X T T F T
I Y Q I R Q C J E K V D R M O C A D P M
Z Q Y N B X S J T Z X Q E W S U E Q L X
W Q B M Y P T S U R E N K O T R M T B Q
J M Y P W L T S S J K D Z Y A Y G J C Y
T P L S J N A V A R R O E V P U O T S I
R M W J B V K X Y S M H T T E F Q I T F
E A F B M A N C B C U U C D N K P K S P
N V L R U M J K H F S C F G K E I Z B D
F O G B T Z G P Y Z H S K S O Z G J E O
N K R F W A N G W L A E S W S Q M T W R
I L A E S G A A P I R N S F E L C A J V
G U K A G T D Z V G A R O F C N Z B U Q
R B V R X S N C U U P A R H M D G N H D
O I Q Z H B A J X M O Z R S A S U X A Z
I C B C E V E K I C V U O I I U N K Q T
G S K T M R N S Q Q A B V E Q U Z V L J
K Y C C S W R X N O R J A H R Y R U O C
Z G A I J O V M Y P F C R F W B A K A Z
N Y I V M Q W K T C S S K V G M O K B N
```

Wang	Ostapenko	Navarro	Tsurenko	Buzarnescu
Cibulkova	Giorgi	Hsieh	Vekic	Sharapova

Top 50 Women IV

```
T B A T T H F T J O O G V M Z I R S S Q
M E D F H A P X Q U J O A N Y W H Q K L
H L A C P G D L D Q W H B P Z Z V X Q V
F O X H X L R Z R R U U S R D E C X G
J X B Z G A V R I L O V A J F V Z Q B T
V E N U S W I L L I A M S G M I C Q A S
M A R T I C S O S K Z X T R E Z I Q V T
X V A T A N D A L F W O U C X F B C O R
Z N A D H O J J S R S M S X N T I B K Y
I L D B F A V Q A N J S K Y F C L P A C
J E J P A Z W P A H O J D B A L X X I O
M M G T F Y H U E L W V J D P C L R N V
I I V X H J B X S Z G K I S Y H R W I A
M M S D C S R X N P K C W C R Q N Q S Y
L P H W V C D B I N J N T R H X J J U F
E A A E J G Q T L K X E L J D W P A Y Y
Z H A N G H U U L O K G Y R A H E M J W
I Q W G M V S F O N O D K S P D N V R Y
P E B H E B Z I C T X E K J G Z U U A Q
Q U U Z H E N G Y A J O V B J D N K Z S
```

Martic	Strycova	Sasnovich	Gavrilova	Collins
Siniakova	VenusWilliams	Konta	Zheng	Zhang

Top 50 Women V

```
D S R A W Y L E M R I B F M N Y V H G C
Y H T I S G M C S K E J P O P X S V U R
B X K A S Y V O A P D Z A N U P U X Q Y
N B W Z E K U P K J C Q V K T U T P U O
R W Q U Z V E P K N G V L P I K S P V V
C G G S I Z R F A F I L Y S N P N X N Z
C G T I H R Y G R Z I L U M S M E L U H
Y K Z V F F B O I H B W C L E G M D I P
F U P B I O A S F T M E H A V W F F M G
K Z C Z S T R N X G I Y E D A S N C S X
X M I P W F I E F O B R N E F B B X R O
U O V B W Z K K U Y X V K N T X N V L N
L V O Y K A O P N X V H O O Y C A Q K M
Z A N Z L X V I K K M M V V M O X H W D
P V A V A L A L V T Q W A I R R J F B Z
O S J B Y R I F O C D Z X C Q N P P I E
Q K L G N M P J F V Y I O D S E P U R V
W X M X M G N O Q V A Z U L K T F I U N
Z I O X V Z S Q P F P G T K P K A D Y U
Y Q T K M Q Q Q U L L W U R R U V W O C
```

Sakkari Pavlyuchenkova Mladenovic Putinseva Tomljanovic
Kuzmova Cornet Riske Flipkens Rybarikova

Most Matches Played – Men

```
B B D H W O L D E J S E K X Z M C C V P
X M I C I G I B I H D U E P Q X G Q F T
L Q O I Q A M A K X L A V E R J O P E L
D R B E J U M S J W T K S U U W T B D N
W E E P V M S H P Z X I I T J T L X E V
Q P G R M T E E Q J W E Z I U N H V R Q
O I Y O R P G G D X L S M M B P P O E I
U P O S Z N U T S M U O U Z K L J K R O
H N W E E L R I R H T E V E E E Q P M B
K E W W E J A L O K N R X L P J R D R Y
D I G A I R H D N V N A L P P I A V N V
W W G L H V N E N L N B C Q E Z D C C E
L I V L C G Q N O A W B G P J T C X N K
P Y R S T O O W C U D Z J D R R T S A E
I Q L Y I N V F O T Q X P P N K Z P B S
P T J W R Z Q B R E M E R S O N C B U F
S X G S O A N S U R V J R B R E I C W A
J B Q B L L R O O E X X H G A S C Y M R
M L D A G E E D F J E O Z Z K I X Y K C
Z E R G K S H I U J E J D Y I O O L R W
```

Rosewall	Segura	Laver	Gonzales	Tilden
Emerson	Ritchie	Connors	Federer	Ashe

Most Matches Played – Women

```
L P P Z A L Q Y S P V O H L T W D U B J
R H W V W Z E Y E L P P O I K J J I V A
S A T S B W G P V J C L Y N N D O N V C
M G R A F F F Y P E T W C O U R T A W U
E B W T L I B E N Y B T K K J O E V T X
S U A R N U N M Y Y K Z X N U I W R F B
A A Z E I Q Y K J J G M R U R D I A O I
N X E V G L Q N H A Z G I U I J A T R X
C F N E N S K R Y N L A Z Z T T X I E D
H L I C O N T P P K I Y Q C A X O L T J
E V T D G D O Q Z O U E M A S H B O Z J
Z C R D U U E C A V T A H K E W C V M Y
H P A M P W M S P I T I A T N X U A I Z
B X M J Y W V Y Q C N K A T O R Q S E J
X R X L N X K F A B J H A R V R P W J R
U F Y P C F V F P F S I R D A N L R M C
Z S R Z K O W B I T B F Z A I I A S P A
V W J J L W O H G N K C V R H I G O A S
D U M L P V G M I L R D P R C E D A N D
Y X K C P B Q U W A D E O H S V J D D W
```

Navratilova	Evert	Court	Wade	Sanchez
Martinez	Graf	Schiavone	Foretz	Jankovic

Most Clay Tournaments Won – Men

```
K H V W G M M H Z K U N D F K T G G A B
R X E T V K T O R D R V M N K V E C P G
T T U P C S A S M Q V D R V T L E R X N
Y N R O J H Y V M B Y F X F Z E Y Z P V
Z S B C T O H G P Y Z L L G X G Y C V I
S I X Y S A P V P Q Y E L C G P J M O L
V Y N T T N S F E Q T O Z V J B J Z F A
Z V B S M A S I G E R N T P K N O M F S
S D W N D T Q D K V K M J S I E J Z P W
Q V P F Z N T R X W Q F A K T Z G F R O
Q Y K Y T A H O N M K E L F V N I O V C
W H Z C R S L B S V Y N M L N C S E F Z
X D G O E A V N P S T L P G E F T I Q I
X E J C M V S Y R Z T S W T D E N H C O
H J O H X R O I W C A L S P L H W C B K
C E M E R S O N V M P I C K I C S T I Q
P L P T N A D A L F U W M H T Q F I P J
J W Y M U L K I C P Y I Z J L D K R K N
R U E C Y H U W I L D I N G X E U V B P
M L L R K M I Y W A Z M G N X G U H J X
```

Drobny	Tilden	Wilding	Cochet	Ritchie
Patty	Nadal	Santana	Emerson	Vilas

Most Clay Tournaments Won – Women

```
T Z G A N A C V B J N F A K V Y F S K I
D U V G O A N Z S C P B K E I O E J N A
P Q K V E D V V X F G R A F P A F X T E
I T S Y H G P R Q J Q E K V B Z T V M G
N N K T J L L F A P N P T P V G X F S O
O L I F B Z H A W T Z J U O D G N P D V
D Y B K C H M B B A I Z D X A O Q L C A
D W V P D V R K L R K L A D T O C I V K
M Z E P Y U M O D M D N O P D L E H J R
O B W F T F T O S N G F R V U A N O A E
G C Y A U S I J P C G P L K A G Z X T P
O W G Q F N J P I S F K I W N O E Z W O
Q I C O U R T H N B A M I V E N N Y G R
U Q V F G L E C E C D N S R L G I X U P
O F B Y B Y V K G N S L C X G I T K O G
K Z Z N H D E O J N I W X H N G R R S Y
M N M Y Y F R G C A V N Z E E O A R E J
U O D B F O T B Z X B E Z I L Z M X L I
T M C U R C C P B A L R V C Z Q J L E L
E R R S G M W L C B C Y R P Q M T I S C
```

Evert	Graf	Lenglen	Court	Goolagong
Sanchez	Martinez	Navratilova	Seles	Henin

Most Grass Tournaments Won – Men

```
W P A Q N J K W W R M T C M T R M B V N
B R P G X B S C B H Q Y C D I N T H U I
Q M I U H F J B D W Q N P S F A K R D E
H L I Z Z C O M V D H I B T R M F Y R M
O P M J H Z L M Z E B B K D R X J D O E
T O L K P A G K S A A B B B I O X G F R
T E O N I N M H E S R O K H T D F A W S
M H Y Y U H K D I Z R Y O L C Q I Q A O
V M L N B A D Z D K E D T A H P X O R N
Q E W G V X X E O H T W C R I H K X C C
J P R S M Q U W P B T L F N E N S N X X
O Z B R O M W I C H V A Y E U X J E X E
E A A D T L I Q I I Z V U D H U N D U T
Q Y R B Q J A Q H P D E I F H I I L N A
W A T G L Q S V M J O R I T N H O I Y L
Z R O S E C T H Y Y P F R P B V M T W L
S M I T H U N J M A X P D X V M U O R E
H D X K R G H O E A B I X T Z A X D N N
C Q T H E J Y B O O G J I G J Y Z L E T
S R J E G R Y O I Z V S I B K N D K N R
```

Allen	Ritchie	Smith	Barrett	Tilden
Larned	Crawford	Laver	Emerson	Bromwich

Most Grass Tournaments Won – Women

```
L X R X G V K P K P V N J U H K J S O I
E D Z R N I K C L E B K L P Y A V B M V
T Q E N H Y X P P V J K N O Q X J L G K
W T P A W G F D H Q T N X E M P E G N W
M T F B E L I Q N X S X E O R C A N Q A
Z E B X G Z C J W W P Y C R Q Y R O B I
K I N G E K X G E M H B J T N W V G Y G
N E V E R T B V N J X X F K P C E Q S N
C U G V W D F A E Z L L D A Z C O P O O
I M N P X D D J R M A L L O R Y F H G G
K L O W G J R D K K N E B I W R G A V A
V S V O I Z S P L S E S R T T A J F Q L
W O S M D G R K F S O R S T C O U R T O
A R E N G Y N A V R A T I L O V A G W O
D H N D N F U Y G L C X E N C N O F P G
E Z O R R P P I L F S U D A B U W Q J K
L V J M J Q N P Y R U V H C J P Z K J P
E O X H B M G F Z C Q Y P E E W E R R C
G P F P X X I L Z Q W E D S G S D H K E
Y W H Y L I R R U K E H M A G S H H B C
```

Court	Goolagong	Navratilova	King	Evert
Moody	Barker	Mallory	Jones	Wade

Wimbledon Men's Winners I

```
W V U E B X N E M V A I U G X D D R Y N
R P D K T A N Y F H A F U N A P X S I N
H K U H Q L N G C W C T E Z R K F G B A
P E S A S Y T U V I E W D D R C O H I D
X W J S R K D U R V X M H R E B P R G A
W W C T Z E C O Y R K U U C C R H V O L
S C B I O C A O T S S R H T Z C E G X C
O W E C J I B G Y L R R E B O W U R U A
W C C H U J O F D Y P A W S A M P R A S
E I X C E A X D I C B Y I P W U Q F Y I
V V S G R R W I B E E N T Y J L Q E S O
J O M M N K P Y V W H O T I H Q E N T J
B K J M Q P W A G A S S I F R H G A P H
T O A N E W L U N R N R O A O J H F V Q
J J M U G P M Q W M Z I Z O V Z Z C D A
T D N L Y K F K B O F U S V H T K D U B
O K G G O Y I E I E T O K E J S J I X I
F A X F A D V Q I Z R N B P V C G L S J
A V Z Y M P T Y L Z H L U G K I A S I H
N L J Z I P N P C B D E H N S K C B H P
```

Djokovic	Federer	Murray	Nadal	Hewitt
Ivanisevic	Sampras	Krajicek	Agassi	Stich

Wimbledon Men's Winners II

```
S A Y S A I U A W S K A T U R B S B P P
M P B N D R K M Y O X M S C N E B W D S
Z O W S Z U P V Y D G F G A T C Q P C U
V E D E S D Y H U R R B G F G K U Q A K
I L T D M U P N S R E M S L U E I E P P
D W V O F C Z B E B B E H D Z R H O H E
N A Q K L E Z Z F O D L G V F V N X C O
X D O Y T R C A T R E B N F N F L F A M
C L Q S G D Y Y F G W C C Q D N R B S D
H E Q Z T H E C E M I R O R S E B V H S
K E P F B L X H V M F K N U E I X Q X R
V T L H W A Q F C E M E N M A F H N G E
E W O C E N D P P V T F O U R Y R B X N
M Z V X M Z T W S X E L R V M R V H E N
Q X C G V Q V R I F B A S R C H P I H O
I S G W C Y L J B D V S J K E T C G S C
D R H U J K V H Z O N K N Q N I V X A K
D P R Z D B F L H Y R C M R R M U H N C
K A Z Z P B W B B U W X E K O S S X H M
Y B G H A I T L V R K S K M E E H E Z D
```

Edberg	Becker	Cash	McEnroe	Conners
Borg	Ashe	Connors	Kodes	Smith

Wimbledon Men's Winners III

```
L N H V U S N B H H Q J Z J J R W U W H
N W V A R V Z I U P N Y H S E U Q S B B
P C U N R F P Z K H T L I G M T E P L Y
J W S W G Z N C F H Q P G X E I W O Q D
L J G N W O J E W N Q O W F R K N M R U
F S R T S H F P I I L E C U S M D B O A
S B N F R A S E R B O B Y Z O S X X F H
V F E B H G K K C W K M W F N R X Q G O
M Z R X P F X W Q O Y O I S N V R A Z A
E S V O L M E D O B E C D I M E V P Q D
Z H J H B D G Y C E L W A M F N B V B X
A A Y B V N U R N H N E S L P J Y B Y Z
X P D K B V H Z B O I N J F J E U D T K
S A N T A N A Q P D K A V C N H Z H R C
L V V J T P C L C U C H Q G J K S A E F
R A R K I O U J A D M V B L O Y H E B J
M E O M V P V T D V W Y I E E P N X A C
K I J C O O P E R X E A D H N G K O R J
K Y D H C M Y I Q M F R R E H U Z W T W
W I C Z I V U R Q E X T O V G K I F S F
```

Newcombe	Laver	Santana	Emerson	McKinley
Fraser	Olmedo	Cooper	Hoad	Trabert

Wimbledon Ladies Winners I

```
M D E L A F T F W N D F N J L G O U B S
J Z X B L X F J B A R T O L I U F U P M
F M M Z F N B H O L R D A V E N P O R T
W O Y H A R O T M P V A O H I Y N U E Y
L L O B O M E E S I R S K I I P K G I E
L L H G A Z E W E G A M R E U Z S T S A
F P T D A I G Y R B K A C H R C G D R Z
W S P D D B I Z U E F I K Z Y B J M E U
S X B O U Y E W A R J L H F D C E K S R
P O F N U D F K M J R L W Y V P A R H U
V Q P Q C O P V N F F I S O X K N O A G
P M A V E M D I V U R W N M Z L T G R U
F E W G J I R T H W G K K Z Z A O A A M
H J J P H H T O W I F T V D X I V Q P A
F G V X B U X V E Q N X G Q C D O A O X
A Z G X K N M A X H Z G L I B S N P V D
U T H N R T W G L F B W I S Y B S V A G
F W H Y W Y A C C G D B I S S C X C D E
O T U X L W F L J H D P K K I W C H F X
S Z F H L F D H F T U S F J R O M F H Y
```

Kerber	Muguruza	Williams	Kvitova	Bartoli
Mauresmo	Sharapova	Davenport	Novotna	Hingis

Wimbledon Ladies Winners II

```
F W C M R H G X X U H Y R D O X D H M W
R F I U G F Q P F H D I H S J B D J X F
S R S P Z R Z B C H O N P C P M V O I Q
K W J D U H E B C J T T F N M A U N E S
N E Z S B U C J D P G P J A Y W V E G H
Q T V S T B T M W I X I V J P N S S H Y
S Q H E G S D R F E C A E B Z Q V U A G
T Q K M R M E L P Q A R C G N O C I S U
Q R H F V T N T Q U T Q A N I B A R U C
U Q N V J C L L S U B Y W K H M V E H H
Q C S O N C T L R T B A L Z Y J O N C R
A C D E S X O T O U K A E M T T L S D E
E W E I Y Z P U I Y U G Y A F Q I M J H
C K R N S G L Y R G D W A D E A T A L X
D D Q O C R N K A T W S X V C Z A R P N
T N Q W N A C S N I Z G G Y I S R T S Q
Z O Y L Y F W Q X V Z V G W M V V I P Z
G H T F B S M I T H Y M T H A K A N U U
G G U A E A W M T Y K D T W H G N E X Y
S V C Z W N E B Y M D X H K I N G Z N J
```

Graf	Martinez	Navratilova	EvertLloyd	Cawley
Wade	King	Court	Jones	Smith

47

Wimbledon Ladies Winners III

```
S R L R V G N E Z S H D Y T Q Q E Q C X
P E Y B A O S P G Q W O B E Q Z R A O L
C P B Y X S H D J G Y K C P F W Q F N N
H E M B J B J U U H K C M V G I M B N H
F P M J V O K U C O M M I C Z X I R O L
G H T I D R Y Q N N V M E C Y T X R L B
H Z Z B Z N L Z C E I Q W O L D B E L L
I W T Z E E H P T U H X R J S L G M Y A
H Q T T G V B F Z B Q W K J W D C I F B
A Q G S C C L Q B H Q V V E H N G T J C
T H U J F K D Q L Y M G S F R C V R W L
X I D A R B T L M W A E G K H Z P O Q U
F J H Y Y I K G Z X K B H K I P V M W F
F Q D X M I Z I K I L R N V O R J G X Y
C K S K M H J S N D O O C Z X E U Q Z E
T X K Q G A N L O K Q U H L D D K X G Z
V U Y I Y R Y A S X T G G S U S M A N T
U V J Y X T A S B L Q H J X I X X V U E
W J Z S S Z L F I O Y M Q F Z Y F C C B
H W C L X V A B G L Y R K Q T N C O N Z
```

Bueno	Susman	Mortimer	Gibson	Fry
Brough	Connolly	Hart	Osborne	Betz

Australian Open Men's Winners I

```
E G Y O G Q T D D D P M D L K N D H S R
Z Y F P O C M E P E J M M K R L G K A S
T B P L S G E Z F P H V I K G B X J F A
B U K M D D L D T A H C I Y E U P O I R
M C Y A P G W Z G T K J N O O Z C H N P
U T L M U R F K O U G R Q S U Q L A Y M
N V B T S U M A J C F D U U K H W N L A
T R K J P D P F N K N E J Y U B X S R S
F C U Z D K P E V Q U W D O T M T S S Q
E P K H S Z I L T S L I C E K C S O B V
W M E L C D X N A S Z X U R R O R N B Y
K O G I H C T I S Z B Q W R Q E V J V K
H A S T P G L K E E B A W S T J R I F W
B H D M J Z V O Q H G N G K A B J M C A
V H P E T G W V U R O G G O L V U D I W
B L Y J F Z Q G V Q Z Q P R A H A O S R
K B Z P U P B C C B X N B D D I J A S I
F E E V I W C X L H B A L A A G N C A N
A N R N G I F D F U O M A B N K P P G K
J L M H U W J O D P T Q S M I X C C A A
```

Federer	Djokovic	Wawrinka	Nadal	Safin
Agassi	Johansson	Kafelnikov	Korda	Sampras

Australian Open Men's Winners II

```
H F L M A B R F T I A A O H U G L Y J Y
L R G G A P H Z X J U U E B L H L B S B
H X L C K I E Y A Y H I O N C W T R Z W
G M H F R E G N D N O S Q G C C K S E I
I E Y Q O J B T U T H Y P K B S Y C I L
A J R V G E W P O M N K A R X A Q A X A
V X T U P Z H Q W W O T Y T P K K V P N
I H K Y L O H W O D S X F E N W R M Q D
R J E H Q A P F E T D X R O O A A I B E
V T G V O X I R G L N Q W G G T S N E R
T I G W B M A T F Z O C X Y R M M W C K
N D Z Z K B T O I J M L R D E X N B K X
C V C O A F W C D S D S D R B R S K E D
F X W E W Y I Z H W E C E W D E A N R P
M C O U R I E R W Z D G Z P E H L Q S Z
L E N D L H Y K Y D U W V I T C I P R P
U X E N P M L A E W P K P M N A V U I R
W R Y C W A E F I Q U H M N E E C Q G Y
P K B W B W G S N A H T M O B T T I Q P
Q U B B M Y I J Y X Z K Z P Y B U I H Y
```

Becker	Courier	Lendl	Wilander	Edberg
Kriek	Teacher	Vilas	Gerulaitis	Edmondson

Australian Open Men's Winners III

```
Y O U G F K I W G N M V F A S C F E Y R
L L X G K G C H O I W L Q R O E H B F X
M W V C L Y Y P L I F N L Y U N G T D V
Z R Z C M A P V M K Z R J G O Q A E L Y
B P H K Q G P T E G H Q C N E A K B K L
R I T K W T K A D F S H J O B L L T W J
Z Z A H R L X L O P J E E S M D M D K S
D L Y J I I C D R P U R B R O S A S R I
R L Q K X E G Y O G A T Z E C W W W O Y
C O O P E R L G S I P E E M W S R B S L
U P Q D G W N A E F X K Q E E O C R E O
Z E K J N V X E W Q F C K O N H Z U A G
B E E P W G I I A G H J W H Y U Z P Z Y
L Z F Y I E N V L E I C I P K T C W Y E
A Q X X L C G J L C H B L V Z V H H W R
S T R B M T F D A H X T A N N E R D A W
H H G Q T P G O V K D S X B H C T B E O
E D K Z C W Z K E E X X Y V Z V I R X B
J I T X E K E G R C E U E L Q Y B Q L Z
V C B O S F Z T T J O P H Q F Q B D P L
```

Tanner   Newcombe   Rosewall   Ashe   Laver
Bowrey   Emerson   Olmedo   Cooper   Rose

51

Australian Open Women's Winners I

```
V C X L Q N P E B T V S O X B E M D T I
B G N U E V G A D Y T K G O Y B O X O S
G C Y Q S A V Y D J M K P M U W K K A O
K E R B E R F B I W Q P S R W T Q K H O
T S X U N N G S Z G W A Y I B N U H X B
R A E Q O M Y D V K X E T B G N Y P E T
F O Z O M N A F Z G F K Y T Y T E O P F
B V Z E K I C A P R I A T I Y V W K O L
H C A A Z A R E N K A N I U I P R T J X
I C L I J S T E R S W I L L I A M S D Z
K P K S R L R M R T A M A U L G A S Y J
C Q Z H U F L B N I B S U X I B F P R X
A I M A Q P P K L B O K G W Z R B J I P
I P W R O T Y L X D C F E B T L O V D O
N G A A H Z U M A U R E S M O C P N H L
Z X U P B G S V L Z S P Y B K E Y J K U
O V R O L I J Z M R C N L A I D H N A T
W R P V C A G P W G I A Y C L X P W C T
C H U A V M W Z Y U M T X U N P P A D D
M E O O V D I F Q F H H E N I N L U G H
```

Wozniacki	Williams	Kerber	Na	Azarenka
Clijsters	Sharapova	Mauresmo	Henin	Capriati

Australian Open Women's Winners II

```
B G G I H S M R P M W K Z X I O L T L Z
D O R D L F S J O R D A N Z X A N V V C
A E E B L E E M A N D L I K O V A D Q N
V I I M H M V Q V Z U E K L N E T K P Z
E E D G C L V O T B U O N E I L Y Z O D
N M H H O W W P C P I E R C E Z C G L T
P K Z B E V T I G M L O L N M O Q Y G L
O M H N G F U S V T D M X Y W S K A O I
R X B K P B F X M L O G B H P H H E O B
T S A J Q M O K Y J F C Q H Q C X A L Y
C S Y F L D L P J T O V U N V V C B A T
T I M I I F Q Q K Y C B I I M B J R G S
V G H K M I R X L C Y Y C U V K I Q O A
Z N V P E W R P A B W F H X C R H Z N X
H I S G O H M F R T C L S M B B Z W G I
U H C R K L S H G U B Z E Y W T B N M Z
B M Q A F Q I B E K N W L C Z V E T Q B
P W Y F W P H L U C I B E V O C Q S Z H
C R A M R L E D D W K R S F K L R F P J
V S R L R U H K V J X I B Y Q G R N K L
```

Davenport	Hingis	Seles	Pierce	Graf
Mandlikova	Jordan	ONeil	Goolagong	Reid

Australian Open Women's Winners III

```
K S N B H D L R T R H K W N V U E F Q S
D U O Q F L N O K I W V U N R T I K C L
R A N R M Y L B V C B E K E O V T Q P P
O H A P O Y R V X H L S C A T S L U B V
Y X T Q R C C U T E N H M F D T Y F R Z
T J I H T V B G R Y Y S Q I X V N O I Q
B J E I I B T B U A Z R U C T X E F E T
J I R F M N B C O P Y O F X L H W D R C
K I N G E R B J C B B E W W T A U C J T
P I C S R M U M R M K B H C O R T J I C
J J O N B Y A K N Y E G H M E A J I P Q
X S W S A V X O Z I Y F A H I E H W V D
F N U A X S R G W F U L W O F H B A L U
B P F K Z V E N I C Q S Y Q R Y T D C B
G X E J S B Q O R P I E M P M X K E M N
H Z E N H R X L V J C N K N F W X J I Z
V E Y Y R Q R Z I L I G M L E G Q X U Z
N T U X P O R Y N O S J I S B S M U O T
A Y X W T C S R J C K X Q T X H T R L M
H V H L D C K E S J A G W N C A E F Z G
```

Court	Wade	King	Richey	Smith
Reitano	Mortimer	Irvin	Penrose	Long

French Open Men's Winners I

```
M E K W Z V U N V H O A J P B D V C O B
K Q R W K L D B H F G B N K P F V O H O
L E M K R K G Y N Z T L A Y N F E S T R
M O Y A J R H V W E T F W T K V H T Z E
K F W U R W Q M X W Z W K I D S W A H R
Q T D B C X R B F G B W S P C K Z W S R
I N J U T X V P Q B M Q Z I N H O X S E
Z H Q I I M G J A X P Y P S Z T N F B U
M R L G S X R O L D U G N M O M O E F A
N V V U S U W L P I A L L S L Y O D M K
E A V J A J C C J U K L B H I P Y E J N
T H Z S G G W O A M X T C R G Z H R W I
R X J F A M M J H W T R C E K Z W E G R
E X S E T I L P Z S J F L O Z U P R L W
U P O V E N Z K R W O X V M J E V I A A
K G A U D I O K H J A D J O K O V I C W
Z Q C I Z O M N J T I N V S C J V O W A
M J V Q I R Y T F K R H F Z Q C C Y D U
V H G X J T X P D H E Z E L Q M P P T Z
```

Nadal	Djokovic	Wawrinka	Federer	Gaudio
Ferrero	Costa	Kuerten	Agassi	Moya

French Open Men's Winners II

```
O T D G H Q B Q Q K C R K W E O K W J R
H S A C Y Z P G Q X V Y D K R W X N G T
C W W F M B H L N T H V W T D L H J H A
O F G A X E E R W C O T H G X X R C W Z
E I R T N M I E S I K O O L Z T W Y A X
Q C R J R Y H T V X R X X F C P Z A J C
E S G N D O W S C S D K N G N I U L G F
R V P J B F L U M T I G E T G Z C B U K
N N A N G X D M N G B N A S T A S E I I
H S P P U R K A F U Y A R C H E E D U F
J A O G O B B B Q M S H B L Q E T G P T
M S Z W T D U P V A G C C D H R K N M C
Y Q W J S L B O W Y C N O A H E O Q F Q
G I G V Z D W B R U G U E R A D D P W H
T P Q A H N G C W U S J V S U N E A X Q
D G G G I E J R R D X Q E R Q A S N W K
G O G I N L Z T W S E N N T A L U A G E
W G Q V Z V A U D V F S Q S H I L T K G
P B R P G M W B G O S B O R G W M T H N
G I K G H G Y J K I D F P T R T G A V S
```

Muster	Bruguera	Chang	Lendl	Wilander
Noah	Borg	Panatta	Nastase	Kodes

French Open Men's Winners III

```
K M S H X H T J G H H R K G E J L I I Y
D G S I E Y Q A I A I E U H M B F K S M
J F T L V L O F W E G H T E E M P C M Z
E H O B S Q M K Q O W G A H R T J I U N
O X L O Z F T Z X P Z Q Z C S A R E R B
Q J L D T N B G P V A R R O O I L C U F
A A E P D D Y Y C P R R U R N B L W R Q
H Q E I P D G Q A S D S K G D M T O A X
M B D L Z F C A W R Y E A E E T J G A C
T O R E H R T K T N R Z L U R X P A R G
R C O G T N Q C A E N B J C C E T P U U
A H B N O Y R B W I U S G S X I U X Q F
B U N A B L Z Q N N J U J B G W E H V W
E X Y R S X F D G T L J J W I E N V D S
R K C T A I Q L H K B O W P H J W D C W
T B M E S E A G E U X H S U I P D G U X
Y E L I Q S X S W H S K O G Y I L R E X
C Y N P D H P A T T Y X Q I R Q W P G U
F Z G P M K C F X D L S T N E R A W A J
S A N T A N A X Q O B B J A J K R J U P
```

Emerson	Roche	Stolle	Santana	Pietrangeli
Trabert	Drobny	Patty	Parker	Asboth

French Open Women's Winners I

```
H X M X Z Y N D T J O E P K K C L U Y Z
N L K Q Z A M S E V A M J M S F B D B N
U R B W T I N I C V M H M T V J V W W S
X W H G K I T T R R O P Y H M B K O Q M
M U W R W Y W A E F C K H M D S A O N P
R I V H V V C I I E W A Y H J C E D Q M
R U K G U C E R P N P I Y R A K G S B A
O S T M W I U P T O K S L O B I K N U T
V X Q P S V O A M V G S A L E A V V O M
U A L F J O Y C G A A X P C I D P J M Y
C B S I S N O L T I V C X E C A X T K S
W B V B K A K D T H O P C H E T M X B K
D C U G Q V N O I C S Q E L J G X S K I
Q Y Z D C I E O G S T H Z S F Y X J I N
J P G Y V E P O C S E L G Q X Y A F C A
F Z L L G X A W S D N C P T B Q K Y D Z
H I L X C F T Q J N Z E E B A X Q N T C
P S L B P T S V D M U O L Y I G C A T K
R S I P W K O T I N K T A B U H E N I N
E D Q E D A U P H P N X H F K O K V S N
```

Halep	Ostapenko	Williams	Schiavone	Kuznetsova
Ivanovic	Henin	Myskina	Capriati	Pierce

French Open Women's Winners II

```
T O C F Y P Q L R V D N H C O S L L R V
T T F X N P G Q X M N B O C A Z A W Q K
A K R T S O X K F E R W C D W W Y V H X
R V B T C V H I W G Y B T M P Z X D B Q
F G D Z R G L Q D D N S P U L D W A A K
N B J P H O P Y W S X R K V C N Y V R Q
O V O G C B H M Q N A Q M R Q V K M K H
U V R E V K K S O J P W M P J U G X E C
R R G K K Z G M T A F T Y I I N D C R Q
R O Z P T T K V D U I Y T D R N Q J R C
G V D Q R Q O W N S C O F U I A C O I V
C V E V U M T J B A G M I G Y V Y N C C
P W R N O Z X S E L E S E D N R V E H C
I Z D P C V K P L G D T H G G A C S E O
A D I N J X B D Y G W M H B R T C X Y V
B V R N L D G O X Z Z H U H S I W K U S
W L L L R U Z I C I U O V W K L L I U A
D K Q P Q C C M V N R H D N M O A N B O
R D U R R M B V I C A R I O T V E G W A
M L Y Q S G B C V P R O P Y L A C T W U
```

Vicario	Seles	Navratilova	Ruzici	Barker
Court	King	Richey	Durr	Jones

French Open Women's Winners III

```
Q P O C O H K V V H C R C T B M Y A H J
J R N I Q J Q P G I B S O N M D Q W S X
C R A Z O V M N Z S U I F G O K B Z T T
B Y S P S H F S X O Z V K M R X C B X R
Q N N V F A V E V J Y O V Q T I E G T N
Q Z B V V R T P K N A P R O I E Y F O T
D S K Y X T L V K Q W M E M M O Z S H F
L C S K Q I O E I L P T W G E S E Z M V
F E G F Q V S Q A H X R G A R W O P F G
J P N B G N S S K X K U D C D N E S I E
K Z H Q S O W N N H D M L L Q G R T T U
H L Y T M G L K H G B A K Q P C M G U L
Z H F T S V K I X W L N C D Q S K E P R
N N A B U D R R S Z D A V M M V O S H E
T L X Y S R F F Z A I A U P W A M I H M
T Y Y E D I N J J R Y P M Z Q R O F X O
G O H I A O S E Y D P Q F J K Q C Q E O
J C N A A U N L R F D Q A J M P Z E D L
O Y D H R W G R F N S H S L T E Y C Y B
D K X K L D U A U P G X D X N D X T A J
```

Turner	Haydon	Hard	Truman	Komoczy
Bloomer	Gibson	Mortimer	Fry	Hart

Titles and Finals I

```
E D Z Q X Q X N Q U L F U C B Y G U C V
Y C L N Y H M E S G P Q R P W G W U D S
M H F H J Q L X O Z Q M L A U C Z F R P
O V H J U T Q C J S I C J T V N D N E N
L Z H C M O P J V O K I G Y U W G A V D
Z A S R J N O O R N B V F E O O M D A T
Y M B H J U L U R L S O L C K D Y A L R
D T O W R M E W L X C K V Y B B A L N L
M Q R G P D N S L Y Q O J X Z E N P E X
Z E G K K X D L A T K J F X B V O B D R
C L O M J U L M W X V D E I L T S W L Q
Z H A B O A A D E Q K O D M U Y R C I T
B V T X J Z J Q S J Z I E I H H E T T I
S T D N X P O T O F O X R K B Q M V C Z
H Z U F H A U Q R Z R Z E Q D S E I I A
J D J A X R E C Z T E B R G Z H S F X S
C V W E Y V X B X F T S A M P R A S Q H
F J P M P W B B B N Z N Y T K Q O M I H
N J I B E R U G U S B U Q Y A Z G K S L
L B W T N B H E S P T O H K I Z Z E W H
```

Federer	Nadal	Djokovic	Sampras	Emerson
Laver	Borg	Tilden	Lendl	Rosewall

Titles and Finals II

```
H B D I G M L M V R Z A B B T Y G F P H
C L Q F S E C D I G E P C I I L Q R Q X
U S D R M J Y E X O S K J F P E C A M E
O M E K G R E L N A L V I K C D S Q P I
B Z B J P G T L T R E E D Y Q B H W Z D
V G M X F B S J F X O S V O Q V L O Q T
V Y O K G P O Y E Z J E B C R W Q F F W
I O C H Q S C R Y E E D J O M I J R N A
P O W A C A A R Q L J L I C P L J W G Z
G J E C X O L E Z B A I P H V A O A X V
Z B N O T T N P P V B D K E N N K H D A
B A E S A P O N J Q N W Q T V D X S G N
D F O I K R S B O E N C S E I E L N Y J
R B M S U P P W B R H O U U U R F E K K
S P T S Z S I S Z H S L A R N E D R P O
Q N H A E K E P O X R A A E W L E F R F
E X W G M U Z J K M Y R X E G B V D E B
I V G A S O A X D S H H F V B U Y G U X
B M Y Y G H S U I I C Z J X C Z D W D Q
O K A S Q T G A X D M V C A T Z T D F G
```

Connors	Agassi	Perry	McEnroe	Wilander
Lacoste	Cochet	Newcombe	Larned	Renshaw

Titles and Finals III

```
N H F B D W Y P P E X T S Q C W B M G W
R H L W E K C J D P Q R I Q M T C E K I
P Y W A C J X J H B K L J F M Y Y D O L
O D R X T E F O K S K N S G X H U B M D
D D U C J G R P J O F Q Z G D E H E V I
R R P R B F B B X S Q C R A W F O R D N
U D K Q R P V X Q Q G P O C Q S S G D G
F M F B Z T H D G N J P J S X G M Z P S
D L H M M I T T Q Y F V J Z J D N B S P
X S Z P S Y R D O D J Y Z X F N S I E R
R F U D E R E Z M U Q W M S T E J O G N
Z Y Z C Z Y B L O H B D H I E S D O D O
T S Z B A Y A Z C U T O H F S A E K U S
T Y N K R X R K Y Q W H Q O E M R N B V
I P I D A Y T B K Q V E R P D K W S I Q
L W D P N N M Q C O I R E D G C U E N P
S R U Z H Y I T S S L T K A M P F I I X
X M M H L O U Z M K A Y C J A E Z E Y O
K X F R I I U D D I S O E N N B Q P C F
U C Q Q X S M G E Z O P B L W X F P O I
```

Sears	Crawford	Edberg	Becker	Doherty
Wilding	Budge	Sedgman	Trabert	Vilas

Titles and Finals IV

```
Z F C P N S K I R Y N J V M F M B K D A
T D G B V R C A Z O G Y S Y X E N Z T R
P P W H W S P M A Y T Y M S K Q T Z D Z
B M Z J D U D Y K R S E A N M J E M P S
X K A Q O W I W M Q E O I Z T T U R Z W
B B M L Z O O R A H L A L I C O U R T I
K F O V L B Y R A P E B L S Z B T K U L
Q U X P W O T V V P S K I O V C P C V L
O T Q D E R R D N Q D E W K A K M U V S
Z R I A Y U Y Y A Z U R S M W Y N V I N
W E Z U A A O O V C S N T G W L R K K O
G V N C V V O B R D H D P L C L L L N T
L E Q J P C M A A I Z A D Y U O W Y W D
E B E C N P A P T A Z R R U F N A G B V
S K P L Y Q Z S I K J L R P W N E N B H
B S X C I N S E L T F P T A K O F I R V
X R W F B K G Z O I H G S R H C N K H U
M W U J X S R W V B H J P S S I I S H K
X P O I Z I A K A M O E K C U Z L O E B
H J K F W C F W T Z Z O H L Y E R X X D
```

Court	Williams	Graf	Wills	Evert
Navratilova	King	Seles	Connolly	Mallory

Titles and Finals V

```
B A Z F S C Y K S U L R O A E E Y L T P
F B X I B D K G E G X C R H P O A L B B
O T V C X D V U V M C Z J A O N Y Z A N
N I S H K D C N V P O Q F G C I Z I O A
E H D H H K M G Q J Z P Y V C C Q N D O
U Y B S Z R Z H C L A Z G Z L P H L U K
B J P Q O X M X U A K C J U N E T U P Z
V M D X J E L C Q I K V O P Q C Z T C T
Y T C O I P L F Q O A W T B B U Y N O Y
L B A B U J N W Z O A U E K S O G E C E
B W W R H G X P P P H H E B K N A B M X
X B L O G V L T M T Y A A E I H Y H N L
A L E U K Y C A W Z J H A R W E G S H P
H Q Y G T Z O M S E F S X I Q N H N E G
A F E H N R L B D S F A M Q B B A E N U
V D K J U X D X V A F G F F O Z H L I T
H T B I N G L E Y H I F T F L X K G N R
K P O N G W Y G P V I G M B T J D N V A
A Y R P J M G D A K K E A S O V Q E Q H
Q A T G D X B R F Y G Z K Z N P B L T W
```

Lenglen	Cawley	Bueno	Henin	Douglass
Hart	Brough	Bingley	Bolton	Jacobs

Titles and Finals VI

```
W M I Z H Y A D W V C Q A G I O V C E F
K I A J R X W A C L G L W F U S B F N O
K K B T B T G L C I X R K R L T W D P V
V S G E Z C K K L R W C F W Q M R U M K
O K G G E E S M C R B Q G P C V N W R J
J Y L U W R H A R Z U D N Z J P X C L N
P G Y R D Q A R C Z K F C D J T I S J Z
D Z J C E R R B D N P L O N F J T V A Z
E W J I Z T A L S K X J O Z Q I U D J H
M I P H Z E P E I T V Y P M O D Q S W U
G Z K L W B O Y G N E Y E P O I T N E C
E T Y F E F V F N A A Q R Z J W Z A I S
W E O P O R A I I Y Z U Z V H L E W N D
Z B O L A R I W H C W A P R D B S G I X
Q M Q V U M S E L S A A K H U R S T V I
R M T T Y K N N F W Y L R C Z T V X R G
P G K D T X K R J W O Z L M O O R E I L
G H I K O X G I B S O N D V K D T D T P
E E T M P D B I N P F P M C A I H L A M
Q F B R F C W F N N K O J H E W Z Y C Y
```

Hingis	Cooper	Sharapova	Betz	Gibson
Dod	Akhurst	Marble	Moore	Irvin

Top 50 Men I

```
K Q S S S N W N A D A L P N U I I O N E
U Z F X E G R W X J L H F D Q G G O F Y
O Q Q E D C T Q I X R V R W T U D S Y I
U W C D O U W A L Y K B H R B N N B J R
E Q H T V O X K F C C M N N L O E R E O
H X Q T H Q F C L V S T U P A S A M L K
B Y V W Y Q R T H U L H Z F Y R F C P I
L Z G T C N B B H I S N E R D E W D S H
L T O I F C Q Y O I I V W U O D L J X S
X W Q K N D H J C Q E W Q D D N I S Z I
L L X P C J X J A O M M R O M A P S E N
G Y W G I O G R Y E Y H Q A B K K B F O
V I D H L K P C E L T Q F K Z Z T N V Y
I E I U I O V L O O W A M K R D Q O E W
I J I P C V O E E Y Q W P O T R O C R R
R T G E A I B U Z M B F W L O X T H E A
C M Y G U C Z G U Z T H E C M K U S V W
T O J K I Z K F E D E R E R N H Z Q Z G
X W R B E N J F B D W P O Z A R D Z Q B
I M F R Z V S C U P M M E T K I M V P V
```

Djokovic	Nadal	Federer	Zverev	Potro
Anderson	Cilic	Thiem	Nishikori	Isner

Top 50 Men II

```
B O U N E C E D M U N D F I K K U L A J
N I S Y C O R I C X O O A Y K L F H A Z
U E B W J Z S N G D W T U K H T O B D P
H N C D T T Z Z V O Y A E A N K K C L O
V U U T J K F J A E R N C Y N D V D X X
V F R G P Z V W Z G C I K C L E M K H B
H L L N M P C H H I K H Y I S B U E P R
D Y Z H T D M D M Y E C B N A G X K T C
V F Z N C F I J J O K C D O P P W H C Z
L V T O O J U I J V Z E Z A I N X A D S
D T G R R X Y O G Q F C K R S A N C F E
B A S I L A S H V I L I Z K T M Q H V B
D F R V S A J X Z G T C H V I Z G A Y O
N F B M S Z O R L T W I E E S T D N P G
N Z D X K T Z Y N A H P P D T R D O A S
E I J C X H Z O U C G S R E V A N V W O
T E F U G F O G N I N I E V K W V K Y Q
V X P V F N F E G X N W Q D X H J V G U
D H O E I R N A K H C J Q E I C D C G N
R F P I V S X K Y N B R X M S S H F C E
```

Khachanov   Coric   Fognini   Edmund   Tsitsipas
Medvedev   Raonic   Cecchinato   Schwartzman Basilashvili

68

Top 50 Men III

```
Q C D Z V B B F A J F Y N Q G A D N D H
I Y X H A D E D D C Z H F P X A T A L Z
P K U G Y M G O F F I N J C Q V R L Y V
M X A O U L B M I O G U I X F G J O U O
E S O Z A B R T C G Z N R F G J P M G L
W R F L O R B D A K P M Q R P T I B A A
O V R D N S H J F Q D O T D T C S D S V
X V V P V J L U I B Y F U J R O J L Q O
U Y K X O I Z V Q X Q S X I M G T Q U P
T Y P Y R W H F I M V W G Z L W I H E A
A S G M T C P H B R E X X C Z L V Y T H
A X S H I O V Q B U R K C I E G E Z G S
F L W B M J N S U A D N D R W O S E V O
S W K H I L P K S N A T U L Y I T K E Q
U W A I D I M Z T I S B Z Q K T F D H C
C Q Z I R K R L A M C O Y G Y A H T V K
D W D T U C K M S C O G G O N N Y M E I
T I J D C H U N G R E L C H C R D L B J
W U E Y X S E C Q L I X S G I M S E J D
X N A K L A B U K Q Y A A G U T E K I W
```

Dimitrov	Goffin	Agut	Busta	Chung
Gasquet	Shapovalov	Verdasco	Minaur	Pouille

69

Top 50 Men IV

```
G R D E H A D A I D Z J H Y L N T Z E Q
Y E C J A Z B Z C M O N F I L S F H U T
M X C S M G G G M J Z L F J B Z Z J K Y
Q D C F C A X H Q Y Z X A M C H U O B W
B Q P T X M B K Q D F K O K M C K Y Y V
A F F W J N J L X E L I O L B I K W I P
A F R I P U H B Y C L Z I I K V O U N W
J P P Y G M H B R S H F R Z T U A V A G
M L H D I V Q C R X V L E A O Q P S Q O
S O B Q N C B P G O X P B N I E L C F R
Q C W Y T H H S I M O N I C D C X Y I Q
E N B X P A C M Z H V N E Y T R Y T L A
G A R K V Z N W A M W A R F I E D D N F
V F B J O F N Q Z S U M H E A G R B M L
F I J O H N S O N E D L C C F E A B W G
T X B J K P A D X P W L S L O T H Y V F
M L J H P I N F Y P G I L Q E Z C W O S
S Y T R E Q P F D I P M H N Z K O Q J T
U N N A R T I F H Z A J O T Z N A R E A
R D F U S C O V I C S P K E J D F J R D
```

Simon	Monfils	Johnson	Kohlschreiber	Fuscovics
Chardy	Seppi	Millman	Tiafoe	Klizan

Top 50 Men V

```
T R P J D Z Q I W X O V F H Y F Q K P M
L A K K E Z Q O L K U E C M O C H F E L
K K C M Z V U W H G U H T P K B Z Q S S
T Y Q E N F A M W I C N D B I L F Z A T
S N N A V K J F H R K X N V C J D Y A B
J A Z I R I G A P U K S X S D M R Y H Y
E F E Y X S V U R T R K M U Z M W L O E
I O N H B N N U Z R V E E E M I G Z R L
Y N Y M F N B R S E Y T D K R L S Y Z E
K Q X N J U K Y X A S L M F U Y U D P K
F O C I H X U B G M Z I H O L Z T L O W
M E F K Q Q O Q I X H O H Y V B J V O Z
Q B J K F A O H H K B N D R N C F C S M
A D Z Z F L M S Q J E I M R T I M S W M
H E H O V Y Z T S O B R S E B V U O U Y
P N W D B Q X R R W X A R U T O V U X H
L X F F R I T Z G P B N U Q V J J S Y Q
A W V G Z S U Z D G S N Q C E A L A T O
G L P Z C S A N N U K A J V D L E K J L
W I W D E R H R Q B Y M Q W T P N W E S
```

Mannarino	Jaziri	Jarry	Sousa	Lajovic
Dzumhur	Ebden	Querry	Haase	Fritz

Top 50 Women I

```
L Q U Z C P G U T I R G F O C V B R Y K
E H Q U S K A S B S F O Y S A O S A K A
E I B S P L I S K O V A P P F F Z M M R
X S N N L V O V Z A R L M E L D J I J Q
W D M M K G S T O N P Q G L F P U K B B
L P R W P D K D Q I A L Z A F J Q C E W
S O R R T O A U C K L A K H T F R A R U
V L E F P A V D W T Y N K W F W B I T J
G J B L J K W Y U A M I X T Y X C N E Q
S R R Y U E O S B S D L H N L K C Z N Z
E R E X V D I N X A B O W A P T H O S B
U A K K I U Y E K K B T P W Y E M W G F
M T T A C O Z H G W J I B J S W X E T W
F T D V R P B P O F P V Y U K E Q N G N
H Z D P D N S E E A V S R Q K I O E O F
M N J K T Y S T Z P S P V O U O P Y K F
V P U I N N D S R T Q H G X J F S C I G
G Q U P T T L D J K V I T O V A Y S Y X
G G A N K A V N N W N G N T Q R M J U X
E O B M M O V W Z G A L A X B Z K M H Y
```

Halep	Kerber	Wozniacki	Osaka	Stephens
Svitolina	Pliskova	Kvitova	Bertens	Kasatkina

72

Top 50 Women II

```
T C S V A R G P U T R K N C Q K O W H D
J A X Z V U O G E A P Q Y Q C E A P G J
E P K U O G E U M H X S B P B G I M G W
C K Q R W C R Y T V I Y U S L I Q U D H
T O F M V E G K R K F A Q M I B D G U O
U N V F I D E J N U G V H A U J O U X Z
T T Y U N F S W H C O O Q I H A C R Y D
C A F H P V M T B S E T V L Y K N Z E Y
J V U L J X W Z Q V C S O L C N I A I F
J E T Y M E R T E N S A U I R E O W W M
J I P W Y Q W W S H Q V I W B L K E Y S
Z T P N Z N A X L X O E E G E A Q X V F
V N O A R M G H D Q L S M B T B C R X U
O X B A A S P H S E O Y J F D A W R R I
X J N Q I H X V U G N O K C U S S B P T
Y R U B C W G F U J Y D T V L B B Q D A
L N J B R V F V Z L S Y B S U P M U E L
V E G O A H X Z B R Q P U L D H P F J T
V G Q O G M B A R T Y X E X W D D F E Z
L S X Q L X P E G B O B Y E P M Z Y A D
```

| Sabalenka | Mertens | Sevastova | Goerges | Barty |
| Williams | Keys | Mugurza | Garcia | Kontaveit |

73

Top 50 Women III

```
F I L E V M G H G F S E D N D X T T F T
I Y Q I R Q C J E K V D R M O C A D P M
Z Q Y N B X S J T Z X Q E W S U E Q L X
W Q B M Y P T S U R E N K O T R M T B Q
J M Y P W L T S S J K D Z Y A Y G J C Y
T P L S J N A V A R R O E V P U O T S I
R M W J B V K X Y S M H T T E F Q I T F
E A F B M A N C B C U U C D N K P K S P
N V L R U M J K H F S C F G K E I Z B D
F O G B T Z G P Y Z H S K S O Z G J E O
N K R F W A N G W L A E S W S Q M T W R
I L A E S G A A P I R N S F E L C A J V
G U K A G T D Z V G A R O F C N Z B U Q
R B V R X S N C U U P A R H M D G N H D
O I Q Z H B A J X M O Z R S A S U X A Z
I C B C E V E K I C V U O I I U N K Q T
G S K T M R N S Q Q A B V E Q U Z V L J
K Y C C S W R X N O R J A H R Y R U O C
Z G A I J O V M Y P F C R F W B A K A Z
N Y I V M Q W K T C S S K V G M O K B N
```

Wang	Ostapenko	Navarro	Tsurenko	Buzarnescu
Cibulkova	Giorgi	Hsieh	Vekic	Sharapova

Top 50 Women IV

```
T B A T T H F T J O O G V M Z I R S S Q
M E D F H A P X Q U J O A N Y W H Q K L
H L A C P G D L D Q W H B P Z Z V X Q V
F O X H X L R Z R R U U S R D E C X G
J X B Z G A V R I L O V A J F V Z Q B T
V E N U S W I L L I A M S G M I C Q A S
M A R T I C S O S K Z X T R E Z I Q V T
X V A T A N D A L F W O U C X F B C O R
Z N A D H O J J S R S M S X N T I B K Y
I L D B F A V Q A N J S K Y F C L P A C
J E J P A Z W P A H O J D B A L X X I O
M M G T F Y H U E L W V J D P C L R N V
I I V X H J B X S Z G K I S Y H R W I A
M M S D C S R X N P K C W C R Q N Q S Y
L P H W V C D B I N J N T R H X J J U F
E A A E J G Q T L K X E L J D W P A Y Y
Z H A N G H U U L O K G Y R A H E M J W
I Q W G M V S F O N O D K S P D N V R Y
P E B H E B Z I C T X E K J G Z U U A Q
Q U U Z H E N G Y A J O V B J D N K Z S
```

Martic	Strycova	Sasnovich	Gavrilova	Collins
Siniakova	VenusWilliams	Konta	Zheng	Zhang

Top 50 Women V

```
D S R A W Y L E M R I B F M N Y V H G C
Y H T I S G M C S K E J P O P X S V U R
B X K A S Y V O A P D Z A N U P U X Q Y
N B W Z E K U P K J C Q V K T U T P U O
R W Q U Z V E P K N G V L P I K S P V V
C G G S I Z R F A F I L Y S N P N X N Z
C G T I H R Y G R Z I L U M S M E L U H
Y K Z V F F B O I H B W C L E G M D I P
F U P B I O A S F T M E H A V W F F M G
K Z C Z S T R N X G I Y E D A S N C S X
X M I P W F I E F O B R N E F B B X R O
U O V B W Z K K U Y X V K N T X N V L N
L V O Y K A O P N X V H O O Y C A Q K M
Z A N Z L X V I K K M M V V M O X H W D
P V A V A L A L V T Q W A I R R J F B Z
O S J B Y R I F O C D Z X C Q N P P I E
Q K L G N M P J F V Y I O D S E P U R V
W X M X M G N O Q V A Z U L K T F I U N
Z I O X V Z S Q P F P G T K P K A D Y U
Y Q T K M Q Q Q U L L W U R R U V W O C
```

Sakkari   Pavlyuchenkova Mladenovic Putinseva Tomljanovic

Kuzmova   Cornet   Riske   Flipkens   Rybarikova

Most Matches Played - Men

```
B B D H W O L D E J S E K X Z M C C V P
X M I C I G I B I H D U E P Q X G Q F T
L Q O I Q A M A K X L A V E R J O P E L
D R B E J U M S J W T K S U U W T B D N
W E E P V M S H P Z X I I T J T L X E V
Q P G R M T E E Q J W E Z I U N H V R Q
O I Y O R P G G D X L S M M B P P O E I
U P O S Z N U T S M U O U Z K L J K R O
H N W E E L R I R H T E V E E E Q P M B
K E W W E J A L O K N R X L P J R D R Y
D I G A I R H D N V N A L P P I A V N V
W W G L H V N E N L N B C Q E Z D C C E
L I V L C G Q N O A W B G P J T C X N K
P Y R S T O O W C U D Z J D R R T S A E
I Q L Y I N V F O T Q X P P N K Z P B S
P T J W R Z Q B R E M E R S O N C B U F
S X G S O A N S U R V J R B R E I C W A
J B Q B L L R O O E X X H G A S C Y M R
M L D A G E E D F J E O Z Z K I X Y K C
Z E R G K S H I U J E J D Y I O O L R W
```

Rosewall	Segura	Laver	Gonzales	Tilden
Emerson	Ritchie	Connors	Federer	Ashe

Most Matches Played - Women

```
L P P Z A L Q Y S P V O H L T W D U B J
R H W V W Z E Y E L P P O I K J J I V A
S A T S B W G P V J C L Y N N D O N V C
M G R A F F F Y P E T W C O U R T A W U
E B W T L I B E N Y B T K K J O E V T X
S U A R N U N M Y Y K Z X N U I W R F B
A A Z E I Q Y K J J G M R U R D I A O I
N X E V G L Q N H A Z G I U I J A T R X
C F N E N S K R Y N L A Z Z T T X I E D
H L I C O N T P P K I Y Q C A X O L T J
E V T D G D O Q Z O U E M A S H B O Z J
Z C R D U U E C A V T A H K E W C V M Y
H P A M P W M S P I T I A T N X U A I Z
B X M J Y W V Y Q C N K A T O R Q S E J
X R X L N X K F A B J H A R V R P W J R
U F Y P C F V F P F S I R D A N L R M C
Z S R Z K O W B I T B F Z A I I A S P A
V W J J L W O H G N K C V R H I G O A S
D U M L P V G M I L R D P R C E D A N D
Y X K C P B Q U W A D E O H S V J D D W
```

Navratilova	Evert	Court	Wade	Sanchez
Martinez	Graf	Schiavone	Foretz	Jankovic

Most Clay Tournaments Won - Men

```
K H V W G M M H Z K U N D F K T G G A B
R X E T V K T O R D R V M N K V E C P G
T T U P C S A S M Q V D R V T L E R X N
Y N R O J H Y V M B Y F X F Z E Y Z P V
Z S B C T O H G P Y Z L L G X G Y C V I
S I X Y S A P V P Q Y E L C G P J M O L
V Y N T T N S F E Q T O Z V J B J Z F A
Z V B S M A S I G E R N T P K N O M F S
S D W N D T Q D K V K M J S I E J Z P W
Q V P F Z N T R X W Q F A K T Z G F R O
Q Y K Y T A H O N M K E L F V N I O V C
W H Z C R S L B S V Y N M L N C S E F Z
X D G O E A V N P S T L P G E F T I Q I
X E J C M V S Y R Z T S W T D E N H C O
H J O H X R O I W C A L S P L H W C B K
C E M E R S O N V M P I C K I C S T I Q
P L P T N A D A L F U W M H T Q F I P J
J W Y M U L K I C P Y I Z J L D K R K N
R U E C Y H U W I L D I N G X E U V B P
M L L R K M I Y W A Z M G N X G U H J X
```

Drobny	Tilden	Wilding	Cochet	Ritchie
Patty	Nadal	Santana	Emerson	Vilas

79

Most Clay Tournaments Won - Women

```
T Z G A N A C V B J N F A K V Y F S K I
D U V G O A N Z S C P B K E I O E J N A
P Q K V E D V V X F G R A F P A F X T E
I T S Y H G P R Q J Q E K V B Z T V M G
N N K T J L L F A P N P T P V G X F S O
O L I F B Z H A W T Z J U O D G N P D V
D Y B K C H M B B A I Z D X A O Q L C A
D W V P D V R K L R K L A D T O C I V K
M Z E P Y U M O D M D N O P D L E H J R
O B W F T F T O S N G F R V U A N O A E
G C Y A U S I J P C G P L K A G Z X T P
O W G Q F N J P I S F K I W N O E Z W O
Q I C O U R T H N B A M I V E N N Y G R
U Q V F G L E C E C D N S R L G I X U P
O F B Y B Y V K G N S L C X G I T K O G
K Z Z N H D E O J N I W X H N G R R S Y
M N M Y Y F R G C A V N Z E E O A R E J
U O D B F O T B Z X B E Z I L Z M X L I
T M C U R C C P B A L R V C Z Q J L E L
E R R S G M W L C B C Y R P Q M T I S C
```

Evert	Graf	Lenglen	Court	Goolagong
Sanchez	Martinez	Navratilova	Seles	Henin

Most Grass Tournaments Won - Men

```
W P A Q N J K W W R M T C M T R M B V N
B R P G X B S C B H Q Y C D I N T H U I
Q M I U H F J B D W Q N P S F A K R D E
H L I Z Z C O M V D H I B T R M F Y R M
O P M J H Z L M Z E B B K D R X J D O E
T O L K P A G K S A A B B B I O X G F R
T E O N I N M H E S R O K H T D F A W S
M H Y Y U H K D I Z R Y O L C Q I Q A O
V M L N B A D Z D K E D T A H P X O R N
Q E W G V X X E O H T W C R I H K X C C
J P R S M Q U W P B T L F N E N S N X X
O Z B R O M W I C H V A Y E U X J E X E
E A A D T L I Q I I Z V U D H U N D U T
Q Y R B Q J A Q H P D E I F H I I L N A
W A T G L Q S V M J O R I T N H O I Y L
Z R O S E C T H Y Y P F R P B V M T W L
S M I T H U N J M A X P D X V M U O R E
H D X K R G H O E A B I X T Z A X D N N
C Q T H E J Y B O O G J I G J Y Z L E T
S R J E G R Y O I Z V S I B K N D K N R
```

Allen	Ritchie	Smith	Barrett	Tilden
Larned	Crawford	Laver	Emerson	Bromwich

Most Grass Tournaments Won - Women

```
L X R X G V K P K P V N J U H K J S O I
E D Z R N I K C L E B K L P Y A V B M V
T Q E N H Y X P P V J K N O Q X J L G K
W T P A W G F D H Q T N X E M P E G N W
M T F B E L I Q N X S X E O R C A N Q A
Z E B X G Z C J W W P Y C R Q Y R O B I
K I N G E K X G E M H B J T N W V G Y G
N E V E R T B V N J X X F K P C E Q S N
C U G V W D F A E Z L L D A Z C O P O O
I M N P X D D J R M A L L O R Y F H G G
K L O W G J R D K K N E B I W R G A V A
V S V O I Z S P L S E S R T T A J F Q L
W O S M D G R K F S O R S T C O U R T O
A R E N G Y N A V R A T I L O V A G W O
D H N D N F U Y G L C X E N C N O F P G
E Z O R R P P I L F S U D A B U W Q J K
L V J M J Q N P Y R U V H C J P Z K J P
E O X H B M G F Z C Q Y P E E W E R R C
G P F P X X I L Z Q W E D S G S D H K E
Y W H Y L I R R U K E H M A G S H H B C
```

Court	Goolagong	Navratilova	King	Evert
Moody	Barker	Mallory	Jones	Wade

Made in the USA
Coppell, TX
04 September 2020